财富商学院标杆企业书系

格力是如何成为冠军企业的

周锡冰 /著

当代中国出版社
Contemporary China Publishing House

图书在版编目(CIP)数据

格力是如何成为冠军企业的 / 周锡冰著 . -- 北京 : 当代中国出版社 , 2022.9

ISBN 978-7-5154-1154-5

Ⅰ . ①格… Ⅱ . ①周… Ⅲ . ①家电工业—企业发展—研究—东莞 Ⅳ . ① F279.23

中国版本图书馆 CIP 数据核字(2021)第 266688 号

出 版 人 冀祥德
责任编辑 陈 莎 周显亮
责任校对 康 莹
印刷监制 刘艳平
装帧设计 马 帅 鲁 娟
出版发行 当代中国出版社
地 址 北京市地安门西大街旌勇里 8 号
网 址 http://www.ddzg.net
邮政编码 100009
编 辑 部 (010)66572180
市 场 部 (010)66572281 66572157
印 刷 北京润田金辉印刷有限公司
开 本 880 毫米 × 1230 毫米 1/32
印 张 9.75 印张 1 插页 184 千字
版 次 2022 年 9 月第 1 版
印 次 2022 年 9 月第 1 次印刷
定 价 59.00 元

自　序

“让世界爱上中国造”，掌握核心科技的格力电器正在向全球市场提升中国创造（Created in China）的产品文化矩阵的软权力（Soft Power）影响力。即使在当前疫情和逆全球化双叠加的背景下，作为一家中国本土传统制造业的格力电器也同样交出了一份较为满意的答卷:（1）2021年，格力电器凭借突出的综合实力再次上榜福布斯“全球企业2000强”，位列第252位；再次上榜《财富》世界500强。（2）2021年上半年，格力中央空调凭借16.2%的市场份额排名第一，继续实现行业领跑；格力家用空调内销占33.89%，排名家电行业第一。（3）2021年上半年，格力电器实现营业总收入920.11亿元，较上年同期增长30.32%；实现归属于母公司股东的净利润94.57亿元，较上年同期增长48.64%。①

格力电器能够取得如此业绩，与格力电器始终坚守自己的核心业务、拒绝了涉足很多企业梦寐以求的房地产行业，同时投入巨资进行技术研发，以此打破国外空调技术垄断，实现了

① 《珠海格力电器股份有限公司2021年半年度报告》，2021年8月23日。

格力空调中国制造的战略梦想，以及有序地进行多元化市场的布局和尝试有关。

经过 30 多年的发展，格力电器已经完成了一个国际化家电企业的成长蜕变。如今的格力电器是一家年营业收入超过 1000 亿元的集研发、生产、销售、服务于一体的多元化、科技型全球工业集团，其产品远销 180 多个国家及地区。

为了解开格力电器的成功密码，作者将从“赛道转型：专注做主业，不排斥多元化”“淡季返利：保障商家合理利润”“海外拓展：先有市场，再有工厂”“核心技术：关键技术绝不能靠别人施舍”“质量标准：如修炼生命一样修炼质量”“‘工业精神’：敢于放弃眼前的利益”“渠道为王：谁控制渠道，谁就拥有话语权”“超越对手：领跑一线品牌，实现国内市场‘八连冠’”“进入世界 500 强：‘让世界爱上中国造’”九个部分进行剖析，为 4500 家中国本土企业做大做强，走向海外提供一个赛道转型、渠道变革、营销策略、品质管理、品牌塑造、国际化市场拓展等方面的参考范例。

周锡冰

2021 年 9 月 21 日

目 录

第一章

赛道转型：专注做主业，不排斥多元化

在这里向大家宣布，格力电器从专业化的空调企业进入了一个多元化的时代。

——格力电器董事长　董明珠

一、“格力电器扎实做空调，掌握了空调的核心技术，后来随着科技不断发展，所以我们延伸了很多新的技术”

历经近 30 年的发展，格力电器完成了中国企业“新国货运动”品牌塑造的自我救赎，向消费者展现了自身的品牌力量。2020 年 5 月，格力电器凭借 931 的品牌强度和 1141.03 亿元的品牌价值，位列轻工业榜亚军，蝉联中国家电行业第一。格力电器能够取得这样的业绩，源于格力电器高层在遭遇自身坡顶后的重金研发、赛道转型和突围。

然而，面对日新月异的技术革命和竞争对手的步步紧逼、拉近与格力电器的距离，甚至赶超格力电器，以及自身的专业化坡顶时，摆在格力电器高层面前的棘手问题是，赛道的变更已经不是选与不选，而是必须在最短的时间内作出抉择。

事实上，想打破此困局，格力电器高层就必须与时俱进，跟上这千变万化的技术革新，以此满足用户需求，提升格力电器的竞争优势。基于这样的战略背景，接过格力电器前任董事长朱江洪帅印的董明珠，高调地对外吹响格力电器多元化战略的“集合号”。董明珠对外宣称：“在这里向大家宣布，格力电器从专业化的空调企业进入了一个多元化的时代。”

此番宣言犹如一颗重磅炸弹，响彻云霄，中国企业界之前的边界之争也由此尘埃落定。这意味着以此终结了朱江洪长期以来倡导的专业化战略方向，真正地进入“董明珠时代”。

据格力电器董事长董明珠介绍，格力电器实施多元化战略，是因为格力电器已经掌握了压缩机、电机等足以支撑研发与制造冰箱、新能源汽车、小家电、手机、机器人、环保等众多领域的核心技术。

2018 年 12 月 4 日，在“2018 中国企业家博鳌论坛”上，董明珠回应了外界对格力电器实施多元化战略的质疑。董明珠说道：“格力电器现在已经完全是一个多元化的企业。由于格力电器扎实做空调，掌握了空调的核心技术，后来随着科技不断发展，所以我们延伸了很多新的技术。”

“格力电器不仅有自己的空调，由于掌握了核心延伸而带来了新的产业发展，其中电机压缩机也做到了世界领先的水平”

在格力电器的 20 多年发展历程中，在专业化的路径上一如既往地持续竞走狂奔。众所周知，长期坚持的专业化战略保障了格力电器的高速发展。

2011 年 6 月 20 日，董明珠在接受《中国经营报》采访时说道：“其实很多人问过我，格力只是单一做空调业务，你们是不是已经碰到了天花板？我想未来至少 5 年乃至 10 年，格力仍然会坚持空调专业化的道路。我觉得格力的发展没有天花板，格力坚持专业化是因为这个领域还有更多更深层次的基础问题需要研究，只要这个企业技术不断地升级，它的市场就永远有前景。过去 20 年间，格力空调从家用空调延伸到商用空调，已经做到了 600 亿元销售规模，我觉得商用空调领域我们还可以增加 300 亿元、400 亿元销量。在技术研发方面，格力空调的能耗比同行节约 30%，我们现在研究是否可以将空调压缩机变得更小，甚至不再需要室外机——就像台式计算机发展为笔记本电脑那样，那将是一个革命性的变化。专业化与格力的定位有关，我们的目标是在全球空调业中成为领导者，因此产量、技术必须是领先的。从某种角度看，专业化是格力‘自断后路’的做法。对那些搞多元化的企业来说，一类产品失败了，还有其他产品可以补进，但格力不行，如果空调我们做不好，消费者不买账，我们就会全盘皆输。”

据董明珠介绍，2011 年，格力电器从 1991 年年产值不到 2000 万元的小厂，经过 20 年的发展，已经成长为一个增长了 3040 倍，实现年销售额高达 608 亿元，拥有国内外八大生产基地，国家质检总局经过对中国空调评比后授予格力空调为中国空调行业唯一的“世界名牌”产品，以及自主品牌远销全球 100 多个国家和地区，创造了产销量连续 16 年国内第一、连续6年世界第一销售奇迹[①]的大型集团公司。

在做强、做大的道路上，董明珠豪言万丈，直言每年增长200亿元。鉴于此，5年后，格力电器开始自己的另一番探究之路。2016年7月23日，在北京举行的“第二届中国制造高峰论坛”上，董明珠高调地对外吹响格力电器多元化战略的号角，由此拉开了格力电器专注做主业，同时进行多元化战略尝试的序幕。

当格力电器进入多元化时代后，是否就意味着格力电器舍弃之前一直倡导的专业化战略呢？董明珠给出了否定的答案，同时她还以电机和压缩机举例称：“格力电器不仅有自己的空调，由于掌握了核心延伸而带来了新的产业发展，其中电机压缩机也做到了世界领先的水平。”

董明珠补充说道：“2017年，格力电器完成了20多款伺服电机产品开发，已批量应用于智能装备公司的机械手、机器人产品，其综合性能可媲美日本安川、三菱等公司的产品，打破了高端伺服电机由日系和欧系垄断的局面。采用格力自主研发的小压比小流量磁悬浮压缩机，比之前的磁悬浮冷水机组+组合柜方案性能提升40%以上。”[②]

---

① 参见熊园、覃昱:《与格力共庆20周年 老用户有望赢大礼》,《长江商报》2011年9月16日。

② 潘宇静、董明珠:《格力电器已完全是多元化企业》,《中国证券报》2018年12月4日。

梳理发现，董明珠介绍的多元化方向在《珠海格力电器股份有限公司2019年年度报告》中就有所介绍。“2019年财报”显示，格力电器的多元化布局主要在“智能装备”“精密模具”“半导体”三个方面。详情如下：

（1）智能装备板块

格力智能装备以“精工品质，格力创造”为宗旨，坚持自主研发，精益制造，并通过人工智能助力智能制造产业升级，在智能装备产品的研发、制造、销售和服务上砥砺前行，为实现“中国智造”提供专业化、个性化的产品和服务。公司围绕“产品化、产业化、市场化、国际化”的发展道路，形成了“伺服机械手、工业机器人、智能仓储装备、智能检测、换热器专用机床设备、无人自动化生产线体、数控机床等十多个领域，超百种规格产品”。

截至2019年底，格力智能装备公司累计申请专利2501项，已授权840项，其中2019年申请专利653项，已授权470项，累计成功地帮助全国多个品牌、百家企业进行智能制造改造，并在各行业智能化产业上完成了一批影响力较大的示范项目。从2015年成立至今，格力智能装备公司已先后获得“广东省机器人骨干企业”“珠海市智能装备工程技术中心”“广东省小家电智能制造区域创新中心”等认定。目前，公司机床产品涵盖卧式加工中心、五轴加工中心、龙门加工中心、车铣复合加工中心、石墨加工中心、立式加工中心等主要机型，并为客户提供加工工艺、自动化加工等全套生产解决方案，在模具及3C加工领域得到广泛应用。

在工业机器人技术领域，公司通过工业机器人本体优化设计方法研究、齿轮传动关键技术研究、实效转矩控制技术、机器人精度校准算法研究等，使格力机器人达到行业一流水平。在机床领域技术创新方面，公司攻克了无级变频调节技术，实现机床冷却机组的温控精度最高可达0.1℃，解决了行业冷却机制冷速度慢、控温精度低的行业难题，同时机组具有高效节能、高可靠性、强适应性、安装维护便捷的特点。

格力电器通过自主研发人脸识别技术、视觉检测技术、音频分析技术、工艺动作分析技术等，打造平台级、设备级产品，提供云服务、边缘应用，在图像采集处理、信号分析和语音识别、自然语言处理、运筹优化等方面，为公司内部和外部用户打造全方位智能制造服务系统；在生产应用方面，通过打造人脸识别应用、工业视觉检测、语音＋音频分析、物流仓储调度、智能搜索推荐、工业工程与运筹学六大核心系统，构建智造服务应用体系，实现与生产应用需求的深度融合。

2020 年，格力将持续改革创新，不断拓展市场，发掘新客户，重点推进机器人、数控机床、环保设备、自动化线体、仓储设备的科技成果转化及市场占有率；积极实施人才引进战略，实行“专家团队 + 核心技术骨干 + 技术人员”的金字塔研发人才管理模式；在产品研发方面，继续推进“产品聚焦”和“项目制”的管理模式，以高速高精机器人、龙门加工中心、五轴加工中心、重载和激光导航 AGV、节能环保设备、家电非标自动化生产设备等为核心新产品，进一步提升产品的市场竞争力。

（2）精密模具板块

模具是“工业之母”，是产品制造高效率、低成本、高质量的重要技术支撑，模具工业水平是一个国家制造业水平的重要标志，是一个国家工业产品保持国际竞争力的重要保障。截至 2019 年底，格力电器已投资多个模具基地，已拥有 2 条涵盖 1200 多台数控设备的自动化加工线，20 多条自主研发的模具自动化加工线，2200 多名模具员工，服务于家电、汽车、3C 电子、航空航天等领域数百家企业。

格力精密模具在技术创新、质量管理、信息化和智能制造等方面已成为模具行业标杆。2019 年，格力模具公司累计申请专利 121 件，其中授权专利 39 件，发明专利 4 件，实用新型专利 9 件，外观专利 26 件，软著 2 件。

此外，公司荣获“广东省知识产权示范企业”称号及两化融合体系认证证书。2019 年，公司承担《模具及装备制造业智能制造系集成技术研究与示范应用》等省级重大科技专项项目；《大型模具企业精细化成本管理运用与实践》成本管理项目荣获广东省企业管理现代化创新成果二等奖。

为加快模具技术创新体系建设，打造具有国际竞争力的产业高水平智能化模具技术创新平台，2019 年，格力精密模具公司珠海广昌工厂正式投产，并获批筹建“广东省智能化模具技术创新中心”，引领广东省模具向智能化发展。目前，公司对模具制造业物联网、云计算、大数据分析、人工智能、工业机器人的研究与应用已达到行业领先水平。

中国模具行业正从“传统模式”向“互联网 +”模式转型。2020 年，格力精密模具将继续在科技创新、知识产权、智能制造等方面重点布局，向“互联网 +”模式转型升级，做中国模具行业的领跑者。

（3）半导体板块

2019 年格力电器在半导体领域的研究取得较大进展，促进智慧家庭系列芯片、工规级 MCU 和功率器件等产品的优化升级。目前子公司珠海零边界集成电路有限公司已成为嵌入式芯片、功率器件及其配套开发方案和算法一站式服务的供应商。

格力智慧家庭系列芯片，是在物联网和智能化的AIoT应用浪潮之下，推出的面向智能家居、智能医疗、智慧教育、智慧能源管理等市场的嵌入式AI跨界处理器。2019年，格力电器最新研发的AI跨界系列芯片，融合了高性能AI算力及嵌入式SoC低功耗特性，提供相关产品的完整软硬件解决方案，并具备计算机视觉识别、图像加速引擎、实时控制能力和多重硬件安全加密等功能。

格力电器通用型工控类的工规级MCU涉及多个系列产品，具有高性能、低能耗、高集成度、低成本的特性，可广泛应用于三大白电（空调、洗衣机和冰箱）及工业应用市场。目前，工规级MCU年产量超过1000万颗，不良率低至15PPM，已全面应用于家用空调挂机、柜机、商用多联机内机、线控器、空调遥控器等产品。

格力电器自主研发功率器件，产品覆盖600V和1200V电压平台的高可靠性Trench Field-Stop IGBT、FRD、PM模块、PIM模块和IPM智能功率模块，应用场景广泛，可在家用电器、工业装备、光伏逆变、新能源汽车等领域中用于PFC电路、电机驱动、逆变电路、感应加热、软开关电路等场景。[①]

① 参见《珠海格力电器股份有限公司2019年年度报告》，2020年4月30日。

正是相关多元化战略的实施，为格力电器的业绩增色不少。2020 年 4 月 29 日，《珠海格力电器股份有限公司 2019 年年度报告》数据显示，2019 年，格力电器实现营业总收入 2005.08 亿元，同比增长 0.24%；实现归母净利润 246.97 亿元，同比下降 5.75%；经营活动产生的现金流量净额 278.94 亿，同比增长 3.54%。①此外，格力电器还公布了 2019 年度利润分配预案，计划向全体股东每 10 股派发现金 12 元（含税），派发现金总额超过 72 亿元，上市以来累计分红高达 616.44 亿元。

格力电器能够实现超过 2000 亿元的销售业绩，尤其是在市场结构变动、房地产政策调整和国际政治、经济形势等多重因素的背景下，相关多元化战略的贡献已经渐渐地凸显。在空调主业方面，格力电器继续保持领跑优势，保持稳定趋势。《暖通空调资讯》发布的数据显示，格力电器品牌的中央空调凭借 14.7% 的市场占有率，稳坐行业龙头地位，实现中国本土市场“八连冠”。在家用空调业务方面，其线下市场占有率也较高。“奥维云网市场”公开的数据显示，2019 年度格力电器占据中国家用空调线下市场份额 TOP 1，零售额占比 36.83%；线下市场零售额 TOP 20 家用空调机型中，格力电器产品有 12 个，占比达 60%。②此外，家用空调全球占有率也较高，“日本经济新闻社”2019 年公开的数据显示，格力电器凭

① 参见《珠海格力电器股份有限公司 2019 年年度报告》，2020 年 4 月 30 日。
② 参见《珠海格力电器股份有限公司 2019 年年度报告》，2020 年 4 月 30 日。

借 20.6% 的全球市场占有率，位列家用空调领域榜首。除了空调业务，格力电器的生活电器板块业务也取得较好的业绩。

“格力是一个家电多元化的企业。家庭所用到的家电产品，格力基本全覆盖了，直播可以让大家更深入认识格力”

2020 年 5 月，董明珠在接受央视《经济战疫·云起》节目采访时说道：“直播带货有两个要高度重视的问题。第一，要注重产品的品质。因为往往在线上别人看不到真正的产品，因此所宣传的产品和送到消费者手里的产品是要一致的。第二，是分享。大家都认为格力只有空调，但相信通过线上直播，大家可以看到格力是一个家电多元化的企业。家庭所用到的家电产品，格力基本全覆盖了，直播可以让大家更深入认识格力。”

在董明珠看来，自己不仅仅是格力电器的董事长、格力电器的产品经理，同时也是格力电器的代言人。除了推广空调产品，同时还应尽可能地宣传格力电器制造的生活电器和其他产品。

如前所述，格力电器长期坚持专业化战略，拥有过硬的空调技术。其后，格力电器通过把拥有的技术延伸到相关的多元化产品上，以此共享技术资源，促进了生活电器的业绩增长。

在《珠海格力电器股份有限公司 2019 年年度报告》中，

格力电器就介绍了实行多元化战略后的业绩变化。格力电器2019年年度报告数据显示，在空调和生活电器这两大块，营业收入的占比已经有了较为明显的变化，空调营业收入已经从2018年的78.58%降至69.99%，生活电器板块业务已经从1.91%增长到了2.81%，见表1–1。

表1–1　格力电器2019财年营业收入构成

单位：元

	2019年		2018年		同比增减
	金额	占营业收入比重	金额	占营业收入比重	
营业收入合计	198153027540.35	100%	198123177056.84	100%	0.02%
分行业					
制造业	156888659016.13	79.18%	170592428489.17	86.10%	–8.03%
其他业务	41264368524.22	20.82%	27530748567.67	13.90%	49.88%
分产品					
空调	138665055103.82	69.99%	155682359475.59	78.58%	–10.93%
生活电器	5575911375.57	2.81%	3794087435.54	1.91%	46.96%
智能装备	2141285558.55	1.08%	3108531271.87	1.57%	–31.12%
其他主营	10506406978.19	5.30%	8007450306.17	4.04%	31.21%
其他业务	41264368524.22	20.82%	27530748567.67	13.90%	49.88%

不同于格力电器主业的空调业务，生活电器营业收入的

增长率较为迅猛。2019 年财报显示，2019 年，生活电器营业收入的增长率接近 50%，实现了 46.96% 的高速增长。

纵观 2017 年、2018 年、2019 年的年度报表数据，格力电器的生活电器增长较为显著，分别实现了 33.95%、64.90%、46.96% 的增幅，见图 1–1。

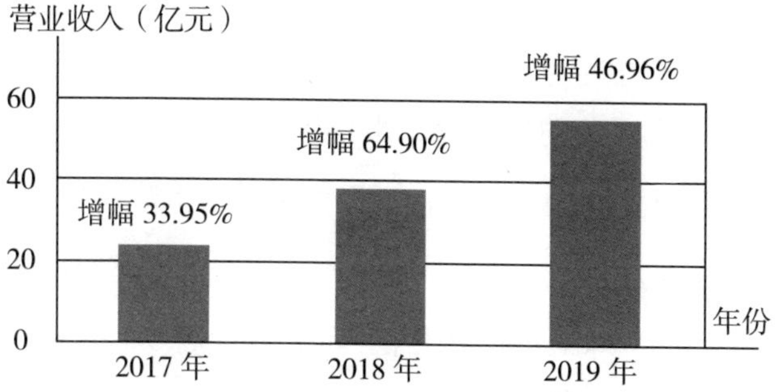

图 1–1　格力电器生活电器 2017—2019 年营业收入、增长率

在格力电器的营业收入结构中，生活电器营业收入增长率的持续走高，尤其是冰洗板块业务的突出表现，印证了格力电器多元化战略取得的阶段性成功。

例如，在中国冰箱行业中，整体销量增幅只有 3.1%。然而，作为黑马的格力晶弘冰箱，却实现了大逆转，增长幅度高达 28.1%。

为了增加生活电器产能，2019 年，格力电器分别在长沙、成都、洛阳等基地增加产能，提升冰箱、洗衣机等产品供货能力。

与此同时，格力电器还在接二连三地研发“三年不换芯”净水机、热泵洗护机、折叠踢脚线电暖器等产品。

除了生活电器，智能装备领域的业绩也较为出色。《广州日报》公开的数据显示，2019 年，格力电器“高性能直线伺服电机及驱动器”等 4 项技术被鉴定为“国际领先”，企业高端化转型迈出新的一步。同时，格力电器子公司珠海零边界集成电路有限公司成为嵌入式芯片、功率器件及其配套开发方案和算法一站式服务的供应商，半导体领域的突破为家居、医疗、教育等行业加快智慧化转型提供了有力保障。2019 年 12 月，格力电器发布“万物互联，一呼百应”的全屋智能家居解决方案，凭借全球第二、中国第一的智能家居专利数量赋能智能家居产业。[①]

董明珠说道：“智能装备是格力多元化发展进程中的重要环节，也是实现‘让世界爱上中国造’的必然选择。近几年，格力电器在智能装备领域精耕细作，相继推出了工业机器人和数控机床产品线，取得了多项国际领先技术认证，实现了从无到有，从有到优的突破。目前格力智能装备公司已经成为国家标准委、工信部批准的高端装备制造业标准化试点之一。2018 年，格力智能装备在机器人产业全球缓慢增长的背景下以 46.19% 的增速实现营收超过 31 亿元，成为国内为数不多

① 参见陈婕：《“白马”依旧　格力电器 2019 年年报凸显品牌韧性》，《广州日报》2020 年 4 月 30 日。

的掌握机器人三大关键核心技术（控制器、伺服系统、减速器）的自主品牌装备企业。目前格力在智能装备领域的布局仍在不断深入，一方面是对机器人、数控机床等产品技术进行深入攻关，丰富设备型号，打造健全的产品体系；另一方面，格力智能装备也在工业互联领域不断深入，建设智慧生产线、智慧工厂、智慧工业园，以数字化和信息化的技术助力智能制造升级。”

二、"多元化经营势必样样都遭遇激烈竞争，格力没有其他行业上绝对的技术优势，所以，就专心做有把握的空调"

改革开放以来，许多中国企业家热衷实施多元化战略。诚然，促使中国企业家积极地实践多元化战略的动因，源于可以获得所谓更多的发展机会，即使是之前长期坚守专业化战略的格力电器也同样如此。

1991 年 8 月，朱江洪担任珠海特区发展总公司下属的冠雄塑胶厂和海利空调器厂厂长。根据"珠海特区发展总公司"的发展规划，将"冠雄"和"海利"合并成立了"格力空调器厂"，朱江洪出任总经理。同年 11 月 18 日，投资 2 亿元、占地 10 万平方米的格力电器一期工程在前山河畔开工奠基。[①]

此后二十余年，格力电器在朱江洪的主政下，始终坚守专业化战略。朱江洪说道："多元化经营势必样样都遭遇激烈竞争，格力没有其他行业上绝对的技术优势，所以，就专心做有把握的空调。"

---

① 参见格力电器官网："大事记"。

在朱江洪看来，在经济发展较好时，专业化的企业看似失去很多机会，但是一旦市场条件变化，由于自身的优势都集中在某一个领域，使得专业化的企业更具核心竞争力。

“我不反对多元化扩张，格力空调现在才占国内市场份额 13%，等占到 40% 以上，我们会向其他领域扩展”

20 世纪 80 年代，由于空调技术和购买力等原因，空调产品市场的发育相对滞后。在当时，空调产品作为奢侈品，其潜在的市场前景巨大。

20 世纪 90 年代初期，改革开放后的中国经济迎来了蓬勃发展的黄金时期。经济的崛起渐渐提升了中国消费水平，在消费能力的拉动下，空调产品行业慢慢开始崛起，空调产品需求出现了迅速增长势头。

有关统计资料数据显示，1985 年，中国居民的实际空调需求仅仅为 8 万多台；1995 年，中国城镇居民的实际空调需求达到 270 万台，增加了 33.4 倍；1997 年，中国空调器工业销售量提高了 2.15 倍，达到 851.02 万台。21 世纪初期，中国居民空调器的实际拥有率为 16.29%，其发展空间仍然巨大。

面临巨大的市场，朱江洪却相当理性。朱江洪说道：“我不反对多元化扩张，格力空调现在才占国内市场份额 13%，等占到 40%以上，我们会向其他领域扩展。”

在朱江洪看来，盲目多元化扩张，必然导致竞争力不足。朱江洪直言："企业的核心是经营，经营的核心是决策，决策能力是领导者的基本能力，也是决定企业成败的关键。"

事实证明，当经济发展较为稳定的时候，多元化战略有时候能给企业带来发展机遇，但是一旦市场条件发生急剧变化，那些多元化企业就会首当其冲地遭受毁灭性打击。例如，在韩国的经济危机中，以大宇为代表的多元化大型企业集团几乎山穷水尽，从经济支柱走到了濒临倒闭的尴尬境地。在中国，"巨人""春都"等都曾经显赫一时，但由于盲目进入与自身主业毫不相关的多个领域，遭受了沉重打击，很快沉没在市场大潮中。

相比盲目多元化战略，专业化战略更具竞争优势。反观格力电器，在中美贸易摩擦的今天，格力电器的业绩依旧坚挺。2019 年 4 月 28 日晚间，格力电器公布的 2018 年年报显示，2018 年格力电器营业总收入达 2000.24 亿元，同比增长 33.33%，归属上市公司净利润为 262.03 亿元，同比增长 16.97%。

财报还显示，空调、生活电器、智能装备、其他主营、其他业务的营业收入分别为：78.58%、1.91%、1.57%、4.04%、13.90%。空调业务的营业收入接近八成，见表 1–2。

表 1-2　格力电器 2018 财年营业收入构成

单位：元

	2018 年		2017 年		同比增减
	金额	占营业收入比重	金额	占营业收入比重	
营业收入合计	198123177056.84	100%	148286450009.18	100%	33.61%
分行业					
制造业	170592428489.17	86.10%	132189595255.70	89.14%	29.05%
其他业务	27530748567.67	13.90%	16096854753.48	10.86%	71.03%
分产品					
空调	155682359475.59	78.58%	123409767128.48	83.22%	26.15%
生活电器	3794087435.54	1.91%	2300898577.78	1.55%	64.90%
智能装备	3108531271.87	1.57%	2126418528.67	1.43%	46.19%
其他主营	8007450306.17	4.04%	4352511020.77	2.94%	83.97%
其他业务	27530748567.67	13.90%	16096854753.48	10.86%	71.03%

从这些数据可以看出，格力电器之所以能够脱颖而出，一个重要的因素就是格力电器的专业化战略，并最终使其成为与春兰、海尔、科龙、美的等品牌相抗衡的著名家电企业。

反观那些迷恋多元化的中国企业家，与其盲目多元化，还不如选择专业化道路。因为在企业发展中，特别是在一定规模之后，由于机会更多，撑死的企业远比饿死的企业要多得多。

"轻率地把人力、物力、财力转移到一个完全陌生的行业，并不能使企业走出困境，反而风险更大"

纵观诸多企业史，不难发现，在不同发展阶段，每发展到一个新的台阶时，最常见的抉择就是要么坚守"专注"，要么启动"多元化"引擎。

在此问题上，格力电器也同样遇到过。在很长一段时间内，格力电器将空调作为主营业务，且限于家用空调、中央空调方向。

当然，在中国遍地是机会的南方市场，特别是珠海特区，格力电器没有激进地实施多元化战略，主要与格力电器的朱江洪的战略决策有关。

对于多元化战略，朱江洪说道："轻率地把人力、物力、财力转移到一个完全陌生的行业，并不能使企业走出困境，反而风险更大。"

在朱江洪看来，盲目地实施多元化战略，可能会将企业置于巨大的风险中。综观倒下的诸多中国企业，因为盲目多元化而倒下的举不胜举，例如巨人集团。

20 世纪 90 年代，风光无限的明星企业巨人在高歌猛进的多元化战略中倒下了。惨痛失败之后，巨人创始人史玉柱黯然离开广东，"北上"隐姓埋名。历经 10 年的卧薪尝胆之后，史玉柱以另外一种方式再次回到公众的视野中。

2007 年 8 月，在上海桂林公馆，当面对媒体记者的旧事重提，史玉柱回忆事业最低谷时的感受："那时候就是穷，债主逼债，官司缠身，账号全被查封了。穷到什么地步？刚给高管配的手机全都收回变卖，整个公司里只有我一人有手机用，大家很长时间都没有领过一分钱工资。"

其后，史玉柱反省道："但凡是鼓吹自己多元化的，3 年就会经营困难；不过 5 年，就会完蛋。民营企业面临的最大问题，不在于你有没有发现机会的能力，而在于你能不能抗拒各种机会的诱惑。"

史玉柱反对多元化的理由很简单，就是自己在多元化过程中栽过大跟斗。史玉柱介绍说，1994 年 8 月，国外软件企业拓展中国市场，不仅抢走了汉卡的市场份额，同时侵占了巨人集团其他软件产品的生存空间。

急于从 IT 困境中走出的史玉柱不得不把突围的方向转向保健品，斥资 1.2 亿元开发全新的产品——脑黄金。

让史玉柱没有想到的是，脑黄金产品却意外走红。资料显示，在 1994 年 10 月至 1995 年 2 月这短短 4 个月的时间里，在供货不足的情况下，脑黄金的销售回款竟然突破 1.8 亿元。当然，取得这样的业绩，应归功于巨人的"暴力营销"。1995 年 5 月 18 日，巨人集团在中国上百家报纸刊发整版广告，将"暴力营销"发挥到了极致。

脑黄金取得开门红后，巨人集团推出了保健品、电脑和药品三大系列30个新品。在30个新品中，巨人集团仍把保健品作为主打产业，总共推出12个品种，包括减肥、健脑、醒目、强肾、开胃等。

此刻，广告再次发挥了巨大的作用，在短短15天之内，经销商的订货量竟然突破15亿元。与行业巨头三株、“太阳神”等保健品企业热衷在农村刷墙体广告不同的是，胆大的史玉柱更偏爱通过铺天盖地、无孔不入、狂轰滥炸式的广告策略，配合自身的渠道建设和严格管理，让一款全新的保健品家喻户晓。不到半年，巨人集团的子公司就从38家发展到了228家。

取得了阶段性成果的史玉柱，开始更加激进的边界扩张。1996年初，史玉柱发起了“巨不肥会战”，以“请人民作证”的口号，再次在全国掀起了保健品热销的狂潮。一系列多元化扩张，不仅导致脑黄金保健品管理不善，还导致脑黄金市场迅速萎缩。史玉柱失败后，曾这样介绍当时的疯狂劲头：“那时候，头脑发热，做过十几个行业，全失败了。比如，当时做的脑黄金、巨能钙、治心脏病的药，我们的老本行——软件、计算机硬件。当时传销还不算违法，还成立了一个传销部开始研究传销。（传销）队伍刚培养好，国家（开始）说传销违法了，最后那批人就解散了。当时甚至还成立了（一）个服装部门。”

1997年前，在史玉柱盲目多元化的过程中，作为步步高电子公司创始人的段永平就给过史玉柱不要盲目多元化的忠告："做企业就好像高台跳水，动作越少越安全。"

然而，少年得志的史玉柱，加上脑黄金而名噪一时，自然不会花过多时间琢磨段永平的告诫。当遭遇失败之后，史玉柱明白了段永平当初的忠告："在中国，多元化的企业除了复星之外，成功的没几个，搞多元化百分之百失败。中国企业家10年前的最大挑战在于占据机遇、把握机遇。随着这10年来经济法制的进一步规范，使得各行业进入白热化的竞争，所以现在企业家的最大挑战在于是否能够拒绝诱惑。以前各行业竞争不激烈，你什么也不懂，但只要你进去别人没进去，你就很容易赚到钱。现在竞争激烈了，专业化是非常必要的。但是我们许多民营企业还是沿用过去的思维，即便现在我也有这种认识，但有几次我也没忍住，把投资报告提交给（决策）委员会，都被枪毙了。专业化不仅对中国企业适用，全球行业的发展趋势肯定也是走专业化道路。"

在史玉柱看来，自己曾经的失败，在很大程度上都是因为盲目"多元化"。史玉柱回忆说："比如巨人汉卡，（当时）巨人汉卡确实做得不错，做得很好，销售额也很大，利润也很可观，在同行业里面已经算是佼佼者了。但是很快我们就以为自己做什么都行，所以我们就去盖了房子，立项药项目，又搞了保健品。保健品脑黄金还是成功的，但是脑黄金一成功，我们一下子搞了12个保健品。然后软件又搞了很多，又搞了服装。"

史玉柱的多元化教训给朱江洪提供了一个盲目多元化失败的研究范本。在公开场合，朱江洪坦言，自己不反对多元化扩张，但是在实施多元化战略扩张前，格力电器必须坚持专业化发展，也就意味着要放弃其他赚钱的机会，比如房地产。

作为朱江洪的继任者，董明珠也坚持朱江洪拒绝盲目多元化的指导思想。董明珠直言："很多人曾劝我，做空调多辛苦，一台才赚几百元，做房地产或者股票，一夜就赚多少亿元。"

董明珠拒绝的理由是："制造业的核心竞争力还是体现在产品上，在空调领域也还有很多事情能做。很多传统的实业家把心思转移到其他领域，赚快钱却让他们分了心，起家的实业反而弄砸了。"

三、“格力电器逐步实现专业化中的多元化，加强产业纵深一体化，发展相关（制冷制暖设备）多元化，‘横向纵向’两翼齐飞”

2012年，当销售收入首次突破1000亿元大关时，格力电器开启多元化的引擎渐渐地显现——晶弘冰箱、净水器等产品陈列在格力电器的新产品展厅里。洞察到这一举动的媒体纷纷断言，迈过千亿元大关的格力电器，实施多元化战略只是时间问题。

面对外界的质疑，董明珠回应道：“格力已走出过去单一家用空调的时代，在制冷领域已是一个多元化的企业。当下，空调在节能、环保上还有很大发展空间。所以，格力不会在实现1000亿（元）后就急于扩张、去多元化，即使将来做到2000亿元还会专业化，但我们可以在电机、压缩机等上游部件的核心技术上做更多研究，我们可以把电机的应用延伸到另一个产业，但它不影响格力电器的专业化。”

在董明珠看来，格力电器的未来战略中，空调依然是其主业。当单一的空调产品高速增长之后，如何利用现有资源的协同效应创造更大的企业价值，就成为格力电器管理层不得不面对的一大挑战，因为单一空调产品的增长空间毕竟有限。此外，媒体频频质疑格力电器的专业化战略可能会触及自身的规模“天花板”。

面对两方面的质疑，董明珠信心十足地说道：“我觉得不会没有市场，企业发展最重要的是技术和创新，如果能保持你的技术领先和创新实力，我认为市场是存在的。”

对于董明珠的回应，媒体却有着自己的解读。在2012年财报中，当谈及格力电器未来战略时，董明珠就介绍称：“格力电器逐步实现专业化中的多元化，加强产业纵深一体化，发展相关（制冷暖通设备）多元化，‘横向纵向’两翼齐飞。”①

董明珠明确地说：“格力电器未来的发展空间是中央空调。此外，生活电器也是格力电器另一个利润增长点。”

对于董明珠的回应，国信证券的行业分析师十分看好格力电器的多元化战略。他说道：“公司的商用空调业务保持了40%复合增速成长，生活电器业务在2013年得到公司管理层更多的强调和重视，并且启用了TOSOT（大松）品牌，产品设计均给人耳目一新的感受，保持了公司一贯以品质和技术为根本的发展策略，我们对公司的新业务拓展保持乐观预期。”

① 俞叶峰：《格力电器成中国首家净利超百亿家电企业》，《证券时报》2014年1月21日。

“格力电器的产品研发和制造就不再局限在空调单一的产品上，只不过仍然会坚持格力电器既定的专业化战略路线”

我们回顾格力电器的发展历程就不难看出，多元化的动因主要有以下几个：第一，格力电器自身技术的积累；第二，格力电器自身的专业化坡顶；第三，维持格力电器股票价格信心的未来现金流。

在多元化的选择上，格力电器选择了相对稳健的相关多元化。所谓“相关多元化”，又称为同心多元化，是指企业经营者通过收购、兼并与自己主业相关的其他行业的业务，或者企业经营者投资与现有业务、技术、市场有关的其他行业，且这些业务在技术、工艺、销售渠道、市场营销、产品研发和制造等方面具有相同的或是相近的特点。

当然，由于现有业务与新业务之间“关联内容”存在差异，我们把“相关多元化”划分为“同心多元化”与“水平多元化”两种类型。

（1）同心多元化。所谓“同心多元化”，是指企业经营者利用原有的技术、设计、渠道等研发和制造新的产品，增加产品的种类，从同一圆心向外扩大业务经营范围。

（2）水平多元化。即企业经营者利用现有渠道、设计、供应链，通过不同的技术研发和制造新产品，增加产品种类。

当实现了成为世界制冷领域的领军企业后，“格力电器的产品研发和制造就不再局限在空调单一的产品上，只不过仍然会坚持格力电器既定的专业化战略路线，更好地谋求‘专业化中的多元化’”。董明珠补充说道：“现在除了飞机上的空调，在任何环境下的空调，格力电器都能生产，比如远洋货轮上的空调。”

正因如此，格力电器另辟蹊径，依托核心技术，拓展产品多元化，即使在原材料、劳务成本、物流成本上涨等因素的影响下也是如此。例如，格力电器主打的 U 系列及 I 系列家用空调受到广大消费者的青睐和认可，甚至掀起了淡季空调市场少有的抢购热潮。这主要源于格力电器的创新——以智能换新风技术、1 赫兹低频控制技术、数字化湿度控制技术等先进的技术来拓展产品。

与格力电器凭借研发核心技术积极拓展产品多元化不同的是，其他家电企业正在不相关多元化道路上急行军。所谓“不相关多元化”，是指企业经营者通过收购、兼并与自己主业无关的其他行业的业务，或者企业经营者投资与现有业务、技术、市场毫无关系的其他行业。即所进行的新业务不以原有技术、现有市场为依托，而是向技术和市场完全不同的产品研发和生产。

例如，春兰的不相关多元化就是其中一个范例。1995—1996 年，时任春兰总经理的陶建幸开始实施多元化战略，提出了春兰第一个五年计划——“立足空调产业，进行产业扩张，形成多元经营框架”。春兰的产品生产随之延伸到冰箱、摩托车、卡车、高能电池，甚至液晶显示器等领域。

关于多元化战略，最早可以追溯到1974年，加州大学洛杉矶分校管理学院的教授理查德·鲁梅尔特（Richard Rumelt）当年在撰写博士论文时用统计模型证明了企业多元化经营与业绩呈现正相关。

在该文中，理查德·鲁梅尔特教授采用“专业比率”“关联比率”“垂直统一比率”三个量的标准和集约—扩散这一质的标准，把多元化经营战略划分为专业型、垂直型、本业中心型、相关型、非相关型五个类型。

（1）专业型战略。专业化比率超过95%的多元化战略，通常称之为专业型多元化战略。

（2）垂直型战略。某个项目产品的研发和制造通常只是从原材料生产到产品销售流程中的某一个阶段，其中的每个流程都拥有其完整的研发和生产体系。此类业务就是向供应链上游拓展，或者向供应链下游渗透。

（3）本业中心型战略。一般地，把专业化比率在70%—95%的多元化战略称为本业中心型战略。此类企业的明显特征，就是企业开拓与原有事业密切有联系的新项目而仍以原有事业为中心的多元化战略。

（4）相关型战略。此类企业的专业化比率相对较低，一般低于 70%。此外，实行相关型多元化战略其实是利用共同的经营资源，拓展与原有事业密切相关的新项目。

（5）非相关型战略。此类企业相关的比率相对较低，即企业经营者拓展的新项目与原有的产品、市场、渠道、经营资源不关联，新项目的一切资源（技术、经营资源、经营方法、销售渠道等）都需要从零开始。

在发展不相关多元化业务方面，除了春兰的陶建幸，太阳神集团创始人怀汉新也是其中一个。

1988 年初，在全民经商的号召下，果敢的怀汉新毅然辞去公职下海了。在当时，怀汉新只不过是一项生物健技术的持有人。

在怀汉新看来，生物健技术有着巨大的市场潜力，于是就大胆地进入“生物健技术”领域。1988 年 8 月，“太阳神”正式宣布全面启用整套 CIS 设计，将“黄江保健品厂”的厂名、商品名和商标统一变更为“太阳神”。

其后，“太阳神”迅速崛起，当年实现销售收入 750 万元，比预期整整高出 10 倍以上。1990 年，“太阳神”的销售额达到 2.4 亿元。1992 年，“太阳神”成为资产总值高达 7 亿元的企业集团。

自此，没有人能否认“太阳神”在中国保健饮料行业的霸主地位，其市场份额最高时竟然高达 63%。起初，“太阳神”的企业发展战略坚持“以纵向发展为主，以横向发展为辅”，即以保健品发展为主，多元化发展为辅。但是到了 1993 年，“太阳神”的战略开始转向，一改纵向发展与横向发展齐头并进的战略。短短一年时间内，“太阳神”竟然上马了包括石油、房地产、化妆品、电脑、酒店等在内的 20 多个项目，甚至还在新疆、云南、广东和山东等地相继组建成立了“经济发展总公司”，主要进行大规模的收购和投资。

其后，在 1992—1993 年这短短的两年时间里，“太阳神”把大部分销售收入资金转移到这 20 多个项目中，资金总额高达 3.4 亿元。遗憾的是，这些项目都没有起色，甚至血本无归。1997 年，“太阳神”全年亏损 1.59 亿元。

“太阳神”在多元化道路上的受挫，并未影响中国家电企业向多元化方向的拓展。2003—2005 年，在中国家电行业，尤其是空调行业的利润开始急剧下降的背景下，一些企业再一次将目光聚焦在空调产品的相关行业或回报率较高的其他行业。

在这一轮多元化浪潮中，媒体更是把这次空调企业的举动称为第二次多元化之路。例如，2003 年 7 月，号称空调低价杀手的奥克斯，出资 4000 万元收购了沈阳农机集团双马汽车 95% 的股权，奥克斯也因此获得 SUV 和皮卡等车种的生产许可。不仅如此，奥克斯之后再次向外宣布：“投入 80 亿元资金进入汽车业。”

造车运动一年后，奥克斯的造车梦想破灭。2005 年 3 月，奥克斯黯然而退。在奥克斯开启造车序幕的同时，格林柯尔系创始人顾雏军也启动造车梦想。2003 年 12 月 17 日，顾雏军掌控下的格林柯尔通过旗下扬州格林柯尔创业投资有限公司，以股份收购的形式，成功购得扬州亚星客车 60.67% 的股份。这标志着顾雏军正式进军汽车制造行业。[①] 然而，顾雏军的造车梦想经过短暂的辉煌之后，同样遭遇破灭的境遇。从 2006 年 5 月 18 日起，“亚星”便因连续亏损被上交所停牌。[②]

当顾雏军的造车梦如火如荼时，美的集团也启动造车战略。美的集团投资近亿元，涉足造车业务。据媒体报道，2005 年 6 月 9 日，云南美的汽车产业控股有限公司在云南举行了一期工程主体厂房竣工仪式，这也标志着美的集团正式涉足汽车制造行业。然而，美的也没能书写造车的辉煌，2008 年 12 月，美的汽车项目全线停产。

“关键在于能否创造新产品，不断改善人们的生活。如果可以，那么企业才具有可持续性，否则多元化也不可持续”

与其他空调企业涉足造车业务相比，格力电器也在进行自己的多元化布局。2004 年 9 月 14 日，格力电器高调地向外

---

① 参见贺大卓、严睿：《连续 13 年的空调龙头：格力的偏执化生存》，《英才》2009 年第 2 期。

② 参见贺大卓、严睿：《连续 13 年的空调龙头：格力的偏执化生存》，《英才》2009 年第 2 期。

宣布，出资1.5亿元，收购格力集团旗下的压缩机、小家电等业务。

格力电器回应称，格力电器收购这四家企业有着自己的考量。不管是凌达公司的压缩机、格力电工的漆包线，还是新元电子公司的镀膜电容，这些生产线可以作为格力空调产业链上的配套，不仅如此，对于当时空调年产量正在向1000万台（套）目标发起冲锋的格力电器而言，收购凌达、格力电工、新元电子并不存在过多的市场风险。

对于造车，格力电器也不例外。2016年3月，格力电器发布公告表示，收购珠海银隆新能源有限公司。对于收购珠海银隆的原因，3月8日，董明珠回应道："进一步地把我们环保能源的一些技术融入新的领域里面去，以后我们可能不仅是造一辆环保能源的汽车，也要把两者之间的协同、合作做得更好。"

董明珠补充解释称，这次与银隆新能源开展合作正是由于双方都已在装备制造领域积累了一定的基础，"我认为银隆新能源很可能成为珠海第二个千亿企业"。这标志着中国家电企业的造车运动再次启动。

对于赛道的选择，董明珠直言，格力电器既不排斥多元化，也不否认多元化。董明珠解释道："我觉得格力电器一直坚持走专业化，但是实际上我们已经在多元化，为什么这样讲呢？比如说空调产品，虽然都是空调，但是我觉得产品可以多元化，比如说我们把它细分，客厅用的，卧室用的，办公室用的，医院用的，冷藏食品厂用的，铁道用的，不同的场所需要的功能就不同，这需要有技术去支撑。作为专业化来讲就是挑战自我，你在空调领域里必须比别人好，别人可选择，你没有选择。”[①]

在董明珠看来，实施多元化战略的前提是，通过保持和扩大企业所擅长的主营业务，在保证企业占据较高市场份额的基础上，发展与其相关或交叉的其他业务，以此迅速扩大企业规模，更好地实行产品的多元化。

通过梳理发现，在当前，对于多元化存在两种截然不同的观点：一种观点认为，企业经营者利用现有的资源，涉足多元化经营，既可以规避把鸡蛋放到一个篮子里的风险，又可以实现资源共享，产生“1+1>2”的效果，是解决专业化坡顶的突围问题。另一种观点认为，企业经营者拓展多元化经营，既会造成人、财、物等资源分散，尤其是对于那些中小企业，还增加了管理的难度，竞争优势降低。

客观地讲，不管多元化经营战略还是专元化战略，其本身并不存在优劣之分。成败的关键，在于企业所处外部环境及所具备的内部条件是否符合多元化经营的要求。一旦相符，就可能成功，否则，就可能遭遇失败。

鉴于此，董明珠认为，格力电器在致力于空调领域专业

① 孙华：《格力以“工业精神”对抗当今经济阴霾》，《济南时报》2012 年 8 月 9 日。

化发展的同时，也会调整战略，坚持拓展产品多元化。具体的做法是，格力电器通过不断推出多元化的空调新品，更好地满足不同层次的消费需求，无论家用还是商用，格力电器的空调产品既可以满足单一的领域，也可以覆盖全方位的商用领域，这不仅保持了在不利的市场环境中格力电器的产品竞争力，而且使得格力电器的品牌价值得到持续提升，从而保证了格力空调的市场份额和毛利率。

当格力电器频频涉足空调以外的业务时，一系列举动引发了研究者、媒体对格力电器多元化战略的关注。对于外界的质疑，董明珠回应道："……在制冷领域里面，特别是跟空气有关的东西，还有很多值得研究的，包括在环境污染、温室效应、臭氧层破坏的大环境下还有许多需要解决的问题，这个是无限的。我们要逼着自己在这条道路上做得更扎实，同样是对自己极限的一种挑战。"

在董明珠看来，格力电器利用制冷行业的核心技术，开发多元化产品，从而实现产品多元化的战略预期。的确，专业化战略不会影响格力电器业绩的可持续增长，正如董明珠所言："关键在于能否创造新产品，不断改善人们的生活。如果可以，那么企业才具有可持续性，否则多元化也不可持续。"

为了更好地拓展产品多元化，挖掘产业价值链，格力电器先后收购凌达、格力电工、新元电子，向产业链的上游发展。原来完全依赖的进口压缩机、高频电容等核心部件，而今的格力电器都已经实现自主研发、自主生产了。

在拓展产品多元化广度上，在商用领域，格力电器已经研发了包括中央空调、大型空调、冷冻冷藏、高铁空调、医疗温控等全线产品。不仅如此，格力电器还将中央空调进行了细分，包括地产住宅、商业办公等五大类。针对不同使用环境的差异化需求，为客户制定最节能、健康和舒适的中央空调系统解决方案。①

格力电器“系统解决一步到位”方案的提出，标志着格力电器正在从家用空调产品拓展到商用空调产品上，格力电器的产品从公共环境拓展到特殊环境领域。如京沪高铁就使用了格力电器的中央空调产品。据媒体报道，此次中标京沪高铁的中央空调包括大型末端机组和入选首批“国家自主创新产品”的 GMV 多联机组。②

据时任格力电器副总裁的望靖东介绍，格力电器正致力于专业化中的多元化，从深度和广度两方面进行拓展。如在广度方面，除了家用空调之外，格力目前已经在商用领域拥有了全线的自主研发产品，包括中央空调、大型空调、冷冻冷藏、高铁空调、医疗温控等，这些领域都是格力未来的增长点。③

① 参见汪洋：《格力打造中国空调企业盈利模式》，《科技日报》2011 年 12 月 13 日。

② 参见黄鑫：《格力电器加强产品多元化》，《经济日报》2011 年 7 月 7 日。

③ 参见黄鑫：《格力电器加强产品多元化》，《经济日报》2011 年 7 月 7 日。

四、“其实专业化和多元化没有什么本质的区别，关键在你内心的专注，你对市场的用心，你对别人的尊重，以决定你是否能够做成功”

关于专业化和多元化战略的异同，在接受《中国证券报》记者采访时，董明珠解释道：“其实专业化和多元化没有什么本质的区别，关键在你内心的专注，你对市场的用心，你对别人的尊重，以决定你是否能够做成功……格力电器做智能装备短期内可能不会盈利，更不可能做出更大的规模，公司并不是图一时的规模或者利益，而是作为创作者感受对社会的贡献。”

董明珠举例称，2011 年，格力电器的员工已经超过 10 万人，研发人员却仅有 1000 多人，创造的营业收入达到 800 亿元左右；2018 年，格力电器的员工总数为 9 万人，其中研发人员达到 1 万多人，创造的营业收入达到了 2000 亿元。

董明珠说道：“也就是说，多元化后的格力电器比做单一的空调时，效率已经翻番了，这就是智能时代带给我们的改变。”

2018 年 12 月 1 日，格力电器发布公告称，投资 30 亿元，间接入股安世半导体。安世属于全球半导体标准器件行业，其掌握原飞利浦半导体的技术。2018 年 8 月，格力电器成立珠海零边界集成电路有限公司，注册资本 10 亿元，正式涉足芯片设计领域。①

董明珠说道："芯片不是我的一个突发奇想，实际上我们三年前就做了。我们做芯片的目的还是从消费者的需求角度考虑，格力电器从空调到生活电器到整个家庭的电器需求，已经全线覆盖。比如，冰箱、洗衣机、厨房的电器、日常生活的用品以及手机。我们这一系列的产品，都是为未来的智能装备作准备。智能家居领域每一个必不可少的东西，格力电器做的原因是考虑消费者的使用感受，为了绝对保证它的品质，就必须要自己去研究。"

"很多人说手机市场是红海，我认为红海不是取决于市场，而是取决于你自己"

2016 年 4 月，格力电器公布了 2015 年财报。财报数据显示，格力电器营收 977.45 亿元，同比大幅下跌 29.04%；净利润 125.32 亿元，同比下滑 11.46%。

面对营收和净利润双下滑，格力电器由此开始自己的多元化经营战略，大力开拓新能源、手机、生活电器等新领域。

---

① 参见潘宇静、董明珠：《格力电器已完全是多元化企业》，《中国证券报》2018 年 12 月 4 日。

梳理发现，格力电器生产的手机产品，其爆红的起点是从中央电视台的一次偶发性事件开始的。2015 年 3 月，董明珠在一次演讲活动中高调地爆料称，格力手机已经研发出来。

董明珠在活动现场掏出了一个有“GREE”标识的手机。这样一个充满戏剧性的场面，立即引起了外界对“格力手机”的多轮报道，甚至利用自己的自媒体团队疯狂深挖。

在这样一波又一波的宣传下，格力手机真正进入了潜在消费者的视野中。格力电器涉足手机，绝不是单纯为了卖手机，原因是：“智能家电的互联互通是未来行业发展方向，而像格力这样的纯白电企业一个最大的劣势就是没有信息入口，不像黑电企业有电视可以作为操控平台。因此格力选择了用移动端即现在外界看到的格力手机来解决，说白了就是要一块能够操控的屏！”

客观地讲，媒体质疑格力电器涉足手机行业，是因为在中国手机行业中，跑马圈地的企业犹如匆匆过客，一波出局又一波进入。当华为进入手机行业时，业界并不看好，例如，在 2013 年之前，华为还是一个依赖运营商销售贴牌低价手机的厂商。让质疑者吃惊的是，仅仅几年，华为就迎来了自己的春天。截至 2015 年 7 月，高歌猛进的华为不再像以前那样孱弱，而是挤进了全球手机排行榜的前五名。

市场研究公司 IDC（互联网数据中心）的数据显示，2015 年第二季度，全球智能手机的总出货量达到 3.372 亿部，同比增长了11.6%。排名前五的手机厂商分别是苹果、三星、华为、小米和联想，见表1–3。

表1–3 IDC：2015 Q2 全球智能手机出货量、市场份额、同比增幅

单位：百万台

品牌名称	2015年出货量	2015年市场份额	2014年出货量	2014年市场份额	同比增幅
三星	73.2	21.7%	74.9	24.8%	–2.3%
苹果	47.5	14.1%	35.2	11.7%	34.9%
华为	29.9	8.9%	20.2	6.7%	48.1%
小米	17.9	5.3%	13.8	4.6%	29.4%
联想	16.2	4.8%	15.8	5.2%	2.4%
其他	152.5	45.2%	142.2	47.1%	7.3%
总计	337.2	100%	302.1	100%	11.6%
联想+摩托罗拉	16.2	4.8%	24.3	8%	–33.3%

从表1–3可以得知，前五名中，竟然有三家厂商来自中国。其中，华为的市场份额同比增长最快。相比于2014年，华为市场份额的增速达到48.1%。

这样的名次足以说明华为在手机行业取得的业绩。2015年7月，华为公布的上半年的消费者业务销售数据显示，在2015年上半年里，华为一共销售出4820万部智能手机，共72.3亿元。

众所周知，手机行业一直被中国研究者认为是红海行业，但是华为作为后进者却能够大踏步前进，足以说明手机并非红海行业。正如董明珠在接受媒体采访时所言："很多人说手机

市场是红海，我认为红海不是取决于市场，而是取决于你自己。你在这个行业做得比别人好，永远没有红海，技术、质量、诚信都比别人差，你就是红海。对于我来讲，唯一的红海就是不能挑战自己，没有别的原因。”

在董明珠看来，红海不是取决于市场，而是取决于你自己，这也是支撑手机能否赢得用户认可的关键。这样的观点与任正非不谋而合：“日本手机的特点是短小精薄，Nokia 的手机非常可靠，能做到 20 年不坏，为什么它们在终端上都失败了？苹果手机是最不可靠的，为什么它能大量销售？是因为它能快速地提供海量的软件。日本厂家在平台上太严格，太僵化，跟不上快速变化，日本的手机厂商就破产了。”

正是因为任正非拥有如此的战略思维，华为手机的销量才突飞猛进，节节攀升。Counterpoint 公布的数据显示，2020 年 4 月，全球智能手机共出货 6937 万台，同比减少 41%，其中，华为首次超越三星，成功登顶全球第一位置，占比 21.4%，三星手机占比 19.1%。

Counterpoint 公布的数据显示，2020 年第一季度，三星依旧还是全球霸主，见图 1–2。

此外，IDC 发布的 2020 年第一季度的中国手机出货量数据也侧面印证了 Counterpoint 的数据。2020 年第一季度，中国智能手机市场出货量约 6660 万台，同比下降 20.3%，华为一季度出货 2840 万台，位居第一，市场占有率由上年同期的

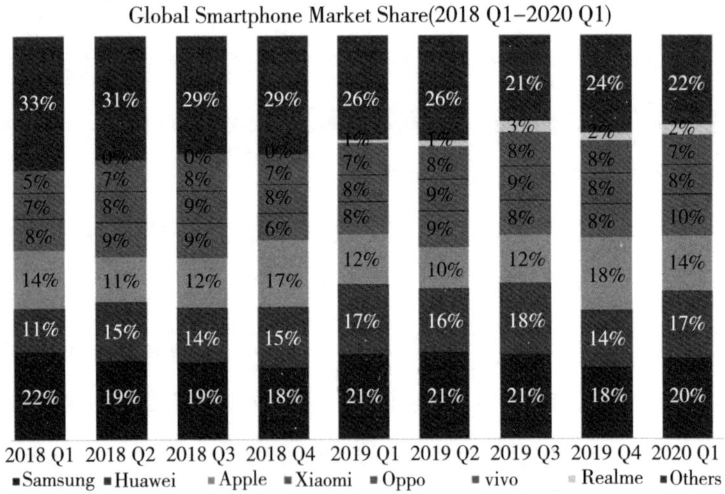

图 1-2　2018—2020 第一季度全球手机市场份额

35.5% 提升至 42.6%，苹果出货 510 万台，位列国内市场第五，市场占有率 7.6%，上年同期为 6.9%，见表 1-4。

表 1-4　2020 年第一季度中国前五大智能手机出货量、市场份额

厂商	2020 年第一季度出货量（百万台）	2020 年第一季度市场份额	2019 年第一季度出货量（百万台）	2019 年第一季度市场份额	同比增幅
华为	28.4	42.6%	29.7	35.5%	-4.4%
vivo	12.0	18.1%	16.0	19.1%	-24.5%
Oppo	11.8	17.8%	14.1	16.8%	-15.8%
小米	7.0	10.6%	10.6	12.7%	-33.8%
苹果	5.1	7.6%	5.8	6.9%	-12.2%
其他	2.3	3.4%	7.6	9.0%	-69.9%
合计	66.6	100%	83.6	100%	-20.3%

这组数据足以说明，在中国智能手机市场，作为拥有核

心技术的华为，能够快速崛起，成为行业标杆，无疑在证明董明珠的观点——“很多人说手机市场是红海，我认为红海不是取决于市场，而是取决于你自己”。

从这个角度来讲，格力涉足手机，也有其自身的逻辑，原因是，如果没有核心技术，无论到哪个领域里面都是红海。

“大家讲手机是红海，你董明珠为什么要去做？我首先要声明，红海是因为你没有技术，你没有创新的文化”

2016 年 7 月 23 日，作为格力电器董事长的董明珠，在第二届中国制造高峰论坛上解释了格力电器为什么要多元化做手机：“大家讲手机是红海，你董明珠为什么要去做？我首先要声明，红海是因为你没有技术，你没有创新的文化，我认为你无论到哪个领域里面，你都是红海。”

在董明珠看来，技术，尤其是核心技术才是赢得竞争的关键，这也是董明珠正式回应外界对格力涉足手机领域的质疑。

2015 年，格力电器高调涉足手机行业，推出了格力的第一款手机。但是，格力的第一款手机却没有公开发售，与传统的手机竞争者有明显的不同——仅供内部人员购买。

或许董明珠知道，要想做出期望的手机需要进行内部测试。在只差东风的 2016 年，格力电器推出自己的第二代手机，该款手机在格力官方商城的售价为 3599 元。

据了解，该款手机的配置为：6 英寸 2K 屏，搭载骁龙 820 处理器，内置 4GB 内存和 64GB 机身存储空间，提供一颗 800 万像素前置摄像头和一颗 1600 万像素后置摄像头，电池容量 4000mAh，支持双卡双待，以及全网通。

2019 年 3 月，格力电器推出第三代手机，在核心参数方面，格力三代手机除了采用高通骁龙 821 处理器，仅有 4G+64G 存储可选，5.99 英寸屏幕，后置 1200 万 +500 万双摄，前置 800 万像素，WCD9335 音频芯片，安卓 7.1.2 系统，3160mAh 电池，支持 QC 3.0 快充。

格力电器官网的销售显示，售价 3600 元的价格直接定位在中高端手机，格力三代手机价格上并不便宜，接近华为 Mate 系列，比其他同类型配置国产手机要贵许多。

由此不难发现，格力电器重点突围的是中高端手机，这与华为 Mate 系列手机重叠。2016 年 2 月，美国国际数据集团（International Data Group）的报告显示，随着三星市场份额的下降，以及华为市场份额的提升，三星和华为在中国高端手机市场的地位已经发生互换。

该报告称，华为增加的高端旗舰机在一定程度上打击了三星中高端手机的出货量。该报告还提到，在 2015 年，华为提高了中国智能手机出货量的平均售价，并将其智能手机的平均售价提高至 213 美元，甚至与中国本土竞争对手采用的价格战反其道而行之。

事实证明，华为的提价战略还是明显取得了成效。数据显示，2015 年，华为在中国智能手机出货量增长 53%，达到 6290 万部。在中国智能手机市场份额上，华为仅次于“风口上的猪”——小米，位居第二。不过，出尽风头后的小米，也开始进入坡顶困境，其市场份额有所下降。

在这样的竞争态势下，格力电器敢于涉足手机业务，相信董明珠做好了充分的思想准备。在第二届中国制造高峰论坛上，董明珠解释称，格力电器坚持做手机的原因，不是因为手机领域有钱赚，而是为未来人的生活的变化在创造条件——“因为未来的 5 年，可能我们称之为一个智能化的时代，所以我想我们在这个过程中，要走一条自我挑战的道路”。

董明珠还表示，作为格力手机的使用者，以后可能直接把格力手机作为家里电器的遥控器。董明珠的战略思维是非常到位的，在如今的互联网 + 时代，手机已经是商家都看重的接入口。或许传统企业在转型过程中没有很好地跨界，但是拓展手机业务，同样可以达到此目的。

在核心技术和匠人思维的指导下，格力手机只要坚持做好品质，那么续写格力手机的辉煌业绩是有可能的，毕竟在投机时代，质量是被很多企业家不看好的。遗憾的是，这些过于投机的企业家不知道的是，没有核心技术和质量支撑的产品无疑是空中楼阁，甚至是一场春梦而已。

为此，在第二届中国制造高峰论坛上，董明珠坦言：“我们要找到自己的出路在哪里，我们的宗旨是什么很清楚。我到日本出差的时候，我专门到市场上,(找到)专门推销手机的人，我说你把这个手机体验以后，你认为在日本一般卖什么价格，你告诉我。他测完以后，他说你这个手机在日本可以卖 4800 块钱人民币。”

这就是董明珠的思维，格力手机在世界上质量第一，不是销量第一。董明珠说道：“我最起码对消费者的承诺，我的品质是第一。我这个不怕摔，是良心产品，不会坏，你敢摔吗？这是我们讲的品质。”

当然，在涉足手机业务时，自然会被问及格力电器的专业化和多元化问题。董明珠回应称：“无论你是多元化也好、专业化也好，如果离开专注这两个字是不可能成功的，即使是只做一个产品，做空调企业原来几百家，死的剩几家了，它也是专业，失败的原因是没有专注，不愿意舍得。”

第二章

淡季返利：保障商家合理利润

厂商之间是一个平等合作、互利互惠的关系。厂家有权选择销售商，销售商也有权选择厂家。每个企业的经营思路不同，作出的决策也就不同，营销模式自然而然也就不一样。不能说哪一种好哪一种坏，关键是靠业绩来证明。

——格力电器董事长　董明珠

一、“淡季让利，提货越早，让利越多，淡旺挂钩”

对于空调制造厂商来说，淡季是一个绕不过去的话题，特别是在每年的 10 月之后，空调的销售也就真正地进入了一年之中最淡的季节。

在淡季，有的空调企业依旧组织销售人员不辞辛苦地继续销售；有的空调企业已开始着手调整销售政策，应对来年更为严峻的挑战；有的空调企业在酝酿新产品的推出，保证自家品牌来年占领更大的市场份额……总之，在销售淡季到来时，空调制造厂商也在思考各自企业的未来。其中，格力电器也不例外。

1995 年初，为更好地鼓励经销商淡季回款，格力电器率先实施“淡季让利”的销售政策，由此领跑空调的销售新模式。即“淡季让利，提货越早，让利越多，淡旺挂钩”。与此同时，格力电器还按照银行利息返利给经销商，尽可能地保障经销商的利益。

“经销商在销售淡季向格力打款不但可以拿到有竞争力的价位，而且淡季打款旺季提货也享受淡季优惠价”

在家用电器中，作为老百姓消费产品的空调，由于存在一定的季节性，淡旺两个季节特点非常明显。

所谓旺季，是指每年春天开始，到夏天结束的 3 月至 8 月。这段时间空调使用的频率较高，是家用空调产品销售的旺季。

所谓淡季，是指 9 月至次年 2 月。这段时间由于空调使用的频率较低，被称为家用空调产品销售的淡季。

此外，空调产业还是一个资金密集型产业，每年都要面临两大压力：第一，淡季生产的资金压力。在淡季生产，空调生产厂家需要大量的流动资金，以保证企业的正常运转。第二，旺季的供货压力。在淡季，空调生产厂家需要采购大量的零部件，以满足旺季的供货。在淡季，由于资金不足，空调生产厂家也不可能大规模地储备货源。当空调需求转旺时，空调厂家的生产能力又往往不足。

上述两重压力，格力电器也同样面临。1995 年，董明珠被格力电器高层领导提升为格力电器经营部部长。上任后的董明珠不负众望，开始了格力电器的渠道变革之路。1995 年，董明珠首创了“淡季返利”的销售策略。所谓“淡季返利”策略是指，在销售淡季，产品的出货价格较销售旺季而言要低一些，经销商在销售淡季向格力电器打款不但可以拿到有竞争力的价位，而且淡季打款旺季提货也享受淡季优惠价。同时，在淡季的 6 个月中，不同月份的定价又有所不同，9 月份的价最低，然后逐月上调，直至3月1日实行旺季价格。[①]

事隔多年，网易商业频道主持人以“以前您较早采用的‘淡季返点、年终返利’的手段现在已经被行业普遍采用。除了做好产品外，在营销技术上是否有大家学也未必能学到家的独门绝技？”为提纲采访董明珠时，董明珠直言，淡季返点和年终返利仅仅是营销创新。

董明珠说道：“别人学不到我告诉了你，就等于是告诉了大家。其实，学不到的是我们不会向别人学习，总是自创一套，别人却总是喜欢模仿。曾经遇到一个企业的老总说，我就是两件事，宣传跟海尔学，销售跟格力学，格力出什么政策我们就出什么政策，像这样的说法是不少的。实际上他们只是看到表面，只在表面上看到格力有淡季返点和年终返利。其实，营销手段的目的是做好市场，我认为手段一定要带有诚意的，不能有欺骗性的，这就是创新，如果坦诚地说，这就是诀窍。如果带有欺骗性或者是垄断以及没有诚意，怎样做营销都是不行的，有的企业今年看上去有增长，这只是因为很多企业在消亡，真正凭借自己的实力，在市场上不断扩大市场份额的企业却为数不多。”

据了解，在空调销售的淡旺季，销售价格存在明显差异，淡季比旺季的价格要低。当格力电器实施“淡季返点、年终返

① 参见孙旭东：《再谈格力电器的销售返利》，《证券市场周刊》2012年第44期。

利”后，其优势较为明显：第一，极大地激发了经销商淡季订货的热情。第二，解决了格力电器淡季生产的资金问题。第三，缓解了旺季供货的压力。第四，解决了保持大量库存的压力。众所周知，空调产品的销售季节性较强，加之本身的体积较大，空调厂家保持大量库存由此增加了难度。第五，解决了淡季检修的压力。经销商的积极参与，缓解了空调企业的淡季检修压力。

鉴于上述五点，经销商淡季回款的意义对空调厂家而言尤为重要。为了更好地应对淡季，获得更大的销售利润，一些空调生产企业想方设法地延长销售旺季，即把旺季从 4 月提前到 3 月。

与延长旺季不同的是，格力电器却反其道而行之。1998 年底，格力电器宣布销售淡季延长一个月。此政策一出台，格力电器因此从竞争对手的阵地上抢到不少大订单。

“贴补经销商损失，格力电器拿出一亿元利润的 2% 按销售额比例进行补贴”

在市场推广中，格力电器在选择合适的经销商的同时，也尽可能地保障商家合理的利润空间，旨在更好地与经商销合作。

1995 年，刚上任经营部部长的董明珠，大胆地实施了“淡季返利”政策，将 7000 万元的利润返还给经销商，最大限度地保障了经销商的利润空间。

具体的做法是，格力电器依据经销商淡季投入资金数量，给予相应利润返还，把“钱—货”关系变成“钱—利”关系。此举极大地激发了经销商的热情和干劲，在增加格力电器现金流的同时，也增加了销售规模。1995 年格力淡季回款比 1994 年增加 3.4 倍，达到 11 亿元[①]，为 1996 年超越春兰空调打下了坚实的基础。

1996 年，凭借“淡季返利”政策，格力电器收到了 15 亿元的空调销售回款。为了保住市场份额，一些空调生产企业也展开回击，不惜实施价格战，开始以优于格力电器的销售政策抢夺经销商。

在价格战的硝烟中，空调品牌纷纷降价。例如，格力电器给经销商三五折的出厂价，他们就给三折。甚至有的空调企业将零售价低于批发价，批发价低于出厂价，这样的低价竞争导致一些空调企业元气大伤。

面对激烈的市场竞争，有人建议格力电器跟进，但是格力电器控价的态度却很严肃，决不让自己陷入价格战的恶性循环之中。与此同时，董明珠向经销商提出严格规定，坚持三五折并要求经销商承诺以不低于三五折的价格批发给经销商，一分钱也不能降，对于那些违反承诺的经销商，在年终结算时给

① 参见李卫斌、李静：《对格力电器销售返利会计处理的分析与思考》,《财会月刊》2017 年第 20 期。

予严苛的制裁。

面对损失，董明珠说道："为了贴补经销商的损失，格力电器拿出一亿元利润的 2% 按销售额比例补贴给每个经销商。"

1996 年，格力电器逆势增长的幅度高达 17%，第一次超过春兰。[①]数据显示，格力电器的早期发展经历了三连跳：1994 年，格力电器名列第八名；1995 年，格力电器跃升为行业第二名；1996 年，格力电器跃升为行业第一。

董明珠在接受媒体采访时谈道，厂家与销售商相互合作，把外部市场做大而取得共同利益的增长，最终达到双赢。董明珠举例称，1997 年，格力电器就拿出 2.5 亿元返还给经销商。

董明珠坦言："只有经销格力赚钱，才能长治久安。"具体的做法是，第一，格力电器把紧俏的空调品种平均分配给经销商，避免大经销商垄断货源，扰乱市场。第二，推出空调机身份证识别码，每台出厂的空调必须在营销部备案。[②]

董明珠说道："在 1996 年的空调大战中，湖北四家大户为了抢占地盘，竞相降价，格力的市场价格变得异常混乱。后来这四家走在一起，以资产为纽带成立了湖北格力电器销售公司，把原来各自分散的销售和服务网络收在一起，统一价格对

① 参见张含：《NO.9G 格力　净资产收益率排行 NO.16——格力电器　专注造就头牌》，《数字商业时代》2006 年第 8 期。

② 参见潘青山：《董明珠，"难缠"的商界女强人》，《环球人物》2009 年第 10 期。

外批货，并只做格力。”

大刀阔斧的渠道变革优势渐渐显现，有效地解决了内耗问题，厂商之间终于达成目标一致，最终实现利益基本一致，格力的品牌形象和市场占有率迅速得到提高。

“厂商之间是一个平等合作、互利互惠的关系。厂家有权选择销售商，销售商也有权选择厂家”

在很多媒体的报道中，有媒体对董明珠的比喻是：“走过的地方不长草。”这主要源于董明珠一直高举着“先打款再出货”强硬风格的大旗。

面对媒体的批评，强势的董明珠却不认同这样的观点。董明珠回应道：“厂商之间是一个平等合作、互利互惠的关系。厂家有权选择销售商，销售商也有权选择厂家。每个企业的经营思路不同，作出的决策也就不同，营销模式自然而然也就不一样。不能说哪一种好哪一种坏，关键是靠业绩来证明。”

在董明珠看来，合作必须是平等合作、互利互惠。然而，一些厂家为了转嫁经营成本，让经销商承担过高的宣传等费用。例如，一汽丰田年产不足 10 万辆，却在中国组建了 240 家 4S 店，仅仅在北京已有 13 家。[①]很多经销商对此怨声载道，更让经销商诟病的是，丰田刻意让大多数经销商亏损，然后由

① 参见孔文清：《请善待你的经销商》，《信息产业报》2005 年 3 月 23 日。

丰田通商出面低价收购。

在媒体披露的中国一汽丰田经销商中，有11家是丰田通商直接投资兴建的。这11家丰田通商公司是丰田的关联公司。

除了丰田，一些生产厂家为了提升自身的利润，更是变本加厉，转嫁经营危机。例如，一家高档品牌，旗下大多是成立不足一年的经销商。据了解，经销商从成立第一天开始，就一直处于亏损中，厂家不仅不加以扶持，反而规定让每个经销商上交600万元的广告费，否则就取消经销商的代理权。[①]

面对日益恶化的厂商矛盾，作为中国企业，如何才能更紧密地团结经销商，与经销商更好地实现共赢，这才是中国企业应该深思的问题。因为如何认识和维护厂商关系，在实际经营中如何才能建立良好的厂商关系，这是事关一个企业营销成败的大事。

在这一点上，格力电器深谙中国目前的商业环境，认识非常到位和务实。在公开场合，董明珠直言，经销商和消费者都是自己的客户，只不过经销商和消费者的要求不同。其区别在于，对于消费者而言，要求空调产品物美价廉，长期运行可靠即可。相比消费者，经销商就不一样，关注的几乎是利润，在无利可图的情况下，经销商是不会代理销售格力电器产品的。

---

① 参见孔文清:《请善待你的经销商》,《信息产业报》2005年3月23日。

鉴于此，董明珠认为，格力电器需要在共存共荣、让厂商均有利可图的前提下，解决与经销商求大利存小异的共赢问题。

董明珠举例说，1998年，厂商关系的内部矛盾十分突出，其实矛盾的焦点仍然是利益的再分配问题。空调产品供大于求的矛盾日益尖锐，加剧了市场竞争。

面对矛盾，董明珠并不否认，她认为，厂商合作要有一个平等的地位，不能厂家高于商家，也不能商家高于厂家，要端正厂商合作的态度，因为厂商的目标是一致的，都必须靠市场创造效益。

在跟商家打交道的过程中，董明珠往往开始时把话说得比较重，用“先小人，后君子”的方式把原则定下来。一旦真正合作起来，就一如既往，以商家为中心，原则上寸步不让，但具体操作过程中的细节处理又不乏人情味。[①]

① 参见董明珠：《棋行天下》，花城出版社2000年版，第33—45页。

二、“什么是价格战，低于成本销售的竞争行为就是价格战”

关于价格战，每个企业家都有自己的定义。董明珠的解读是：“什么是价格战，低于成本销售的竞争行为就是价格战。”董明珠补充说道：“其实我们是最有实力打价格战的，格力的家用空调已经是世界第一了。”

读者可能好奇的是，既然格力家用空调已经是世界第一，那么为什么不打价格战呢？董明珠是这样解释的，价格战看起来是一个企业的市场行为，消费者暂时可以受益，但从长远看，受伤害的更多是消费者。

“任何一个企业在竞争中靠亏损、靠亏几亿元来打赢市场，都是对社会与企业本身的不负责任”

市场竞争的过于激烈，催生了一些商家价格竞争的产生，甚至不惜以低于成本的价格销售，借以扩大市场份额，将对手挤出市场，美其名曰“牺牲利润换市场”。

当然，这都源于一些企业过于迷信价格战，试图一直使用低价竞争来攻城略地，甚至把价格战作为在全球市场竞争中无往不胜的利器。

不可否认的是，简单地用价格战拓展自己的市场份额，此举过于急功近利，目光短浅。董明珠回应称，格力电器拒绝价格战，同时强调格力电器不会参与价格战。

“低价竞争”的缘起，可以追溯到20世纪80年代末期和90年代早期，日本和韩国家电品牌在中国市场所向披靡。当时，不管实力还是营销战略，中国家电企业都无法与日韩家电企业正面竞争。

为了打败日韩家电企业，中国家电企业经营者费尽心思，最终凭借自杀式的价格战争手段击败了日韩家电企业，一举收回了日韩家电企业一度垄断的中国家电市场。另外，中国企业钟情于低价竞争，与如下三个原因有关：

（1）20世纪80年代末期和90年代早期，由于人力成本较低，这就为中国本土企业实施价格战提供了足够的空间。

（2）20世纪80年代至21世纪初，中国消费者，特别是偏远的三四线市场购买力严重不足，这为价格战的实施提供了广阔的市场空间。

（3）中国企业的研发、管理等能力不及国外跨国企业，价格战就是一个好的竞争手段。

2000年以后，除了家电企业，价格战覆盖中国日化洗涤用品、手机、饮料等行业。在价格战的阵地上，其硝烟又出现在空调、汽车业、电信业、软件业，以及其他众多传统产业的战场上。

2000 年 4 月，空调销售旺季前夕，空调行业突然爆发了自 1995 年以来的第二场空调价格大战，持续了整整 3 年：以海信“工薪变频”促销活动的降价为导火索，春兰、科龙、乐华、奥克斯等空调品牌也加入其中。激战正酣时，海尔、美的也在某些型号的空调机上贴出打折标签。海尔、美的的加入，使得价格战的烽火延伸到国际市场上。

面对来势汹汹的价格大战，董明珠接受记者采访时旗帜鲜明地表示：“格力空调不会参与价格战。”

董明珠不参与价格战的理由是，在价格战上，格力电器既不会盲目跟风，也不会做价格战的领头羊，但是会根据自身的规模，通过技术创新和管理创新降低成本，把降下来的成本让利给消费者。

对于价格战，董明珠直言：“没有亏损的行业，只有亏损的企业，任何一个企业在竞争中靠亏损、靠亏几亿元来打赢市场，都是对社会与企业本身的不负责任。”

当格力电器不参与价格大战的信息被媒体频频披露后，几个大品牌空调企业均未贸然拉低空调的价格，避免了当年彩电失去理性的恶性价格大战。但是，格力电器也付出了此阶段高速增长的代价——在价格战频发的 2001 年和 2002 年，格力电器的销售增幅仅有 7%，出口增幅也从 1999 年的 70.7%，在 2000 年降至 27.23%，2001 年降至 16%，2002 年降至 7% 的最低点。

在董明珠看来，格力电器付出的代价是值得的，因为换来了中国空调行业的健康有序良性发展，这不仅对格力电器，对竞争对手、消费者来说，都是一种负责任的做法。

研究者撰文指出，格力电器在这场价格战中发挥了中流砥柱的作用，是格力电器让中国空调行业避免了一场灾难，没有重蹈彩电业几大巨头价格战后从此一蹶不振的覆辙。

“开会的目的是交流经验，但是绝对不能通过会议来控制价格，形成价格联盟”

2012 年 5 月 16 日，在空调旺季来临之前，北京苏宁向媒体发布降价促销信息，不仅如此，苏宁还联合美的、海尔、海信等主流空调厂商，其中，1P 变频挂机的价格跌破 2000 元。

让消费者惊讶的是，格力电器却没有参与价格战，而是拒绝了价格战。董明珠坦言，她要打价格战，就不是上任后打价格战，而是在当销售副总时就打了。因为当时董明珠的位置只需要考虑良好的销售成绩，没有责任去考虑整个企业的长远发展。

当上总经理后，董明珠必须对整个企业和所有员工负责，正是因为这些责任，董明珠更不会轻易地挑起价格战。不过，董明珠会根据格力电器的效益和所设定的目标，制定出格力电器合理的价位。

学者于刚撰文指出，“价格战”是弊大于利的做法。虽然价格战吸引了大众的眼球，促进了销售，但通过价格战来达到这些目的，是杀鸡取卵，饮鸩止渴，以牺牲长久利益而换得短期利益的行为。

这样的观点与董明珠的做法不谋而合。董明珠认为：“很多企业急功近利，目光比较短浅，简单用价格战，或者是跟渠道之间做一个交易，来实现自己的利润。”在董明珠看来，价格战不过是中国家电企业抢占市场的一个惯用手段而已。

董明珠说道：“格力电器已经抛弃了大卖场，选择符合格力气质的渠道；对于价格战，格力则离开了更久的时间。”

董明珠分析认为，作为一个企业，不能沉溺于表面短期的行为，而应看到企业的长远发展。比如，格力电器的空调，材料成本比别的空调多几百元，要想打价格战，就要降低材料成本，降低标准，产品虽然能低价卖出，但是消费者会成为受害者，买回去很快就会遇到质量问题。

董明珠不搞价格战是理性的。20世纪90年代，当长虹、格兰仕发动价格战时，格力电器却推出了自己的“精品战略”，远离了价格战。董明珠称，品质才是格力电器的战略，除此之外都是战术。

董明珠毫不隐讳地说：“我们在行业里面比别人更加耐得住寂寞，我吃得了这个亏。”当价格战在2002年重演时，董明珠果敢地拒绝了价格战。

2002年3月，格兰仕空调率先实施价格战，甚至狂降千元。随后，格兰仕宣称，要结束空调暴利，向行业巨头挑战。

其后，空调价格战延伸到二、三线品牌，例如乐华、威力等品牌。2001 年，小鸭电器首个突破一匹空调 1500 元的价格下限，在广州市场，甚至以 980 元的超低价公开销售。①

格力电器坚持既有战略，依然没有降价。正如唐宋八大家的苏洵所言："为将之道，当先治心。泰山崩于前而色不变，麋鹿兴于左而目不瞬，然后可以制利害，可以待敌。……凡兵上义；不义，虽利勿动。非一动之为利害，而他日将有所不可措手足也。夫惟义可以怒士，士以义怒，可与百战。"

拒绝价格战，自然有其理由。董明珠认为，用好材料造产品，其体会很深——消费者是受益者，消费者受益就会对你产生一种依赖或者是信任，这是良性循环。在这个过程中，格力电器吃了一点儿亏，成本比别人高，但是价格不一定比别人高那么多。

在董明珠看来，只有消费者受益，才会对产品产生依赖或是信任。即便是遇到像奥克斯这样的竞争对手挑衅，即便在严峻的市场压力的情况下，董明珠依然坚持"格力不会降价"，也不会参与价格战。

而不管是国外的营销理论和国外的企业，还是中国绝大

---

① 参见贺大卓：《连续 13 年的空调龙头——格力的偏执化生存》，《英才》2009 年第 2 期。

多数企业，都不主张价格战，甚至对价格战深恶痛绝。[①]董明珠分析认为："彩电企业的衰落，与当初坚持价格战有关，而空调行业则坚持了对价格的主导权。"

此外，董明珠还批评饱受诟病的"价格联盟"。提及"价格联盟"一词，广为中国消费者熟知的是20世纪90年代，中国几大彩电企业在深圳结盟，以同行议价形式共同提高彩电销售的零售价格，同时迫使彩管供应商降价。这个行为表面上看是抑制了彩电业过度的价格竞争，实际上，只不过是维护联盟成员的小集团利益并扭曲了市场机制而已。

在价格联盟的发展历史中，钢铁价格联盟、彩电价格联盟、空调价格联盟、民航机票价格联盟、电脑价格联盟等，一时间甚嚣尘上。需要反思的是，虽然这些价格联盟想方设法维持小集团的利益，到最后都无一例外陷入土崩瓦解的命运。[②]

究其原因，企业当初成立价格联盟的目的，主要是防止形成恶性竞争局面，避免不计成本的恶性竞争。然而，由于企业本身的私利心，价格联盟形同虚设。在面对价格战时，董明珠向媒体释放信息称，不赞成搞价格同盟。

董明珠介绍，现在空调业内确实有很多会议，作为业内龙头，格力电器也经常参加。董明珠说道："企业更要考虑消费者的利益，企业的行为是否对消费者有利，这是企业应该最

---

① 参见屈云波：《中国企业市场营销反思录》，《南风窗》1999年第3期。

② 参见立栋：《价格联盟就此休矣？》，《中华工商时报》2003年7月2日。

先考虑的。在市场上是对手，但是大家坐下来是朋友，所以开会的目的是交流经验，但是绝对不能通过会议来控制价格，形成价格联盟。因为每个企业都有不同的决策，也有不同的营销思路，当然每个企业的实力也不同。”董明珠认为，对消费者有利的事情，格力电器做，对消费者没利的事情，格力电器不会去“掺和”。[①]

董明珠解释称，空调的价格实际上不取决于压缩机的数量，而是取决于具体空调厂家的利润率有多高，竞争力有多大。压缩机不是导致价格战的主要因素。

董明珠认为，目前的所谓价格战，更多的是某些浑水摸鱼的空调企业的“恶意炒作”，因为目前空调的品牌越来越多，出现了许多家庭组装、手工作坊的“螺丝刀工厂”，它们偷工减料的产品会有一定的市场。这些低价劣质的“浑水摸鱼”企业才是引起价格战的重要原因。

---

① 参见廖榛：《格力被迫卷入价格战　内忧外患朱江洪谋变》，《IT 时代周刊》2010 年第 15 期。

三、“恶性的市场竞争正在愈演愈烈。一些企业已不再专注研发，而是通过诬蔑、恶意攻击等手段，寄希望于以打击竞争对手抢夺更大的市场份额”

在市场拓展中，企业与企业之间的竞争就是一种常态。但是，一件暴力事件引发学界、研究者、行业企业的关注。《IT时代周刊》报道称，2010年黄金周的前一天，安徽巢湖某卖场内美的实习促销员强大伟与格力商场导购孙军“暴力竞争”，最终的结果是强大伟因头部重伤抢救无效死亡，孙军则以故意伤害罪被警方批捕。[①]

一个非常普通的商业行为发展成暴力冲突、致人死亡的流血事件，一个重要的原因是格力电器、美的电器两家家电业巨头之间竞争的纠葛，同时也暴露出中国家电业日趋恶劣的竞争环境。

事件发生后，董明珠多次强调，“决不做恶性竞争”。董明珠坦言：“格力电器的科技创新正在受到不良商业竞争的冲击……现在，所有行业都正在面临恶意攻击和不良竞争的伤

① 参见朱卫卫:《格力打死美的员工背后的行业恶性竞争》,《IT时代周刊》2010年第22期。

害，中国商业环境亟须净化。”

董明珠补充说道：“一直以来，格力电器都是坚持专业化和自主科技创新研发，但因为激烈的市场竞争，恶性的市场竞争正在愈演愈烈。一些企业已不再专注研发，而是通过诬蔑、恶意攻击等手段，寄希望于以打击竞争对手抢夺更大的市场份额，这将对整个行业的创新研发乃至整体发展带来沉重打击。”

“对于不良行为，我认为除了罚款等手段，应该建立更有效的法律制度”

在世界商业竞争中，从来不缺乏传奇，但是也时有“恶斗”充斥其中。例如，蒙牛与伊利的“公关战”、美的与格力的斗殴致死事件。

媒体的披露，让一些有违商业游戏法则以及商业伦理道德的竞争手段公之于众。消费者恍然大悟，没有硝烟的商业竞争之战竟然也如此惨烈。

值得一提的是，企业之间的竞争如同缴税、生病一样不可避免。只不过，对于任何一家企业而言，企业的生存和发展需要的不是恶性竞争，而是良性竞争。像格力电器与美的电器的商业“暴力竞争”现象并非偶然事件，同类的暴力竞争在中国各个家电卖场里不断重复着。从诸多暴力营销事件不难看到，当时中国企业恶性竞争趋势愈演愈烈。

《第一财经日报》的统计材料显示，仅仅2010年中秋、国庆期间，美的与九阳在北京、安徽、浙江、福建、湖北、广东、云贵、四川、陕西、辽宁等地，总共发生了50余起冲突。[①]

面对暴力频发的商业竞争，时任格力电器副总裁的望靖东在接受媒体采访时坦言："死人绝对是偶然事件，但这是恶性竞争产生的结果。"

望靖东的观点得到了资深家电问题研究专家罗清启的认同，罗清启指出，目前国内家电行业出现的恶性竞争：一方面缘于市场竞争激烈，另一方面也是因为产品处于同质化竞争，造成消费者对品牌和产品认知度不高[②]，导致一些空调企业在营销时通常不惜把行业内竞争对手的负面信息全部暴露在消费者面前。

事实上，频发的暴力事件，伤害了中国家电行业的健康发展。当企业道德准则溃败，毫无底线时，暴力营销事件毁掉的不再是某个企业，必然殃及整个行业。

这让董明珠异常担忧。在市场竞争方面，格力电器凭借技术创新，一直保持领先。虽然如此，格力电器也正遭遇巨大

---

① 参见马晓芳、孙燕飚：《美的格力陷入暴力竞争乱象 家电行业现野蛮生长》，《第一财经日报》2010年10月25日。

② 参见马晓芳、孙燕飚：《美的格力陷入暴力竞争乱象 家电行业现野蛮生长》，《第一财经日报》2010年10月25日。

的挑战。原因是，一些企业采取的竞争手段不是堂堂正正的性能与价格的对决，而是以非常规的，例如恶意攻击、诬蔑，甚至是灰色手段混淆消费者视线，以此打击对手。

据《第一财经日报》披露的行业黑幕，自2009年以来，中国空调行业就充斥着各种冲突，且从未间断过。例如，“爆炸门”“广告门”“斗殴门”……诸多事件更是将格力电器屡屡卷入舆论的旋涡中。

例如，2009年春节，因为个人恩怨，河北某消费者购买的格力空调被人安放了炸药，其后被引爆。后经公安部门调查，此次爆炸事件已经得出结论。但是，此次事件并未由此终结，而是被竞争对手当作打击格力电器的“有利信息”，夸大渲染该事件，甚至将其印在传单上，与自己的促销宣传单一起散发给消费者，蓄意引发社会恐慌，诱使用户变更购买意向。[①]

董明珠建议：“对于不良行为，我认为除了罚款等手段，应该建立更有效的法律制度，比如追究刑事责任等，以改变当前中国商业的道德缺失与恶性竞争，营造鼓励企业科技创新，提升产业竞争力和国家竞争力的政策环境。”

董明珠补充道：“很多参会的家电老总也大声疾呼要防止市场恶性竞争，而且，最近的万家乐空调倒闭，之前的银燕、

---

① 参见王云：《董明珠：中国创造需要商业环境支撑》，《财经国家周刊》2010年第12期。

乐华……品牌的倒下无不昭示着家电行业需要建立市场规范，不能让恶性竞争愈演愈烈，否则最终受害的只能是消费者和原企业的普通职工。”

在董明珠看来，对于家电行业而言，最为紧迫的是规范市场经济秩序，这是解决企业之间恶性竞争的方法。只有这样，才能让企业做到公平地市场竞争，否则，可能会危及消费者。

综观前些年的恶性竞争事件不难发现，中国企业间的竞争十分惨烈，甚至覆盖多个行业领域。从代表新商业模式的电商价格血拼到传统机械制造企业的高调搬迁，从饮料业的连环诉讼再到IT业的“黑公关”骂战，诸多惨烈的竞争无不凸显中国企业的战略错乱和无法突破自身坡顶的迷茫。

例如，2012年8月15日，王老吉与加多宝在南昌市胜利路步行街因为促销问题而引发的群殴事件。网友发布的视频显示，身穿红色T恤的王老吉员工与多个便装男子互殴。

《江西日报》披露了此次互殴事件的详情。该报报道称：“据办案民警介绍，经过调查，双方主要是在促销问题上产生了冲突。当天下午，王老吉经胜利路步行街管委会批准后，在名秀广场搭台进行合法促销活动。加多宝当天也派人在名秀广场搞促销，由于没有办理手续，他们并没搭台，直接把饮料运到步行街，又派人在步行街发放传单，行人只需凭传单就可以在指定地点免费领取加多宝饮料。王老吉方对此很有意见，他们认为，自己才是合法办理了手续的促销'正规军'，加多宝不能在他们的活动现场附近搞促销。此外，双方在促销广告上也起了争执。当时，王老吉打出了'怕上火，喝王老吉'的广告标语，加多宝也拉了一条'怕上火，喝加多宝'的横幅，王老吉方称这条广告语一直都是王老吉在用，加多宝方则表示该广告语其实就是现在的加多宝想出来的。就这样，双方起了口角，然后两方都有人互相去拉扯对方的广告牌。"

又如，2012 年 12 月，三一集团董事长梁稳根在媒体面前自曝，因不堪忍受与中联重科之间的恶性竞争，最终被迫决定将总部迁出长沙。这个新闻事件经过媒体的大面积曝光后，企业恶性竞争再次被推向舆论的风口浪尖。

在此之前，媒体就关注过 2010 年 3Q 大战。据《重庆商报》记者的不完全统计，从 2010 年至 2012 年 12 月，中国企业界公开的企业恶性竞争案例多达百起，集中出现在快消品及互联网行业。①

从这组数据不难看出，中国企业的恶性竞争依旧严重。当面对"企业应该如何避免来自同行的恶性竞争？遭遇恶性竞争后，企业应该如何应对？"这个问题时，董明珠认为，国家应制定更有效的法律制度来打击恶性竞争，比如追究刑事责任。

---

① 参见任忠君：《企业恶性竞争来袭　少吐"口水"多用法》，《重庆商报》2012 年 12 月 3 日。

董明珠这样的建议主要源于在“世界名牌”风波中，格力电器察觉其背后存在明显的人为操纵痕迹。事件是这样的：2010 年 2 月 10 日，家住河南省洛阳市的冯浩购买了 8 台格力空调，总共支付 12792 元。其后，冯浩就把格力电器起诉了，理由是，在广告宣传中，格力电器将“中国世界名牌”宣传为“世界名牌”，有误导消费者之嫌，甚至还有利用虚假广告进行欺诈宣传。除了洛阳，武汉、天津、西安、深圳、温州、揭阳、北京、重庆、衡阳等其他省市也出现类似冯浩起诉格力电器的案件。

遭遇大面积起诉，媒体的大肆报道让格力电器的“中国世界名牌”事件发酵。尔后，国家质检总局表态称，不会取消格力空调“世界名牌”的称号，最终结束了这场“啼笑皆非”的闹剧。

此次事件中，一个值得关注的细节是，多个起诉格力电器的时间都发生在同一天，有些用户甚至是上午购买了格力空调，下午就到法院起诉“格力虚假宣传”。[①]

面对这样的情况，董明珠质疑道：“这些用户为什么不先把空调装上去看看好不好用，而是还没安装就急不可耐地起诉，而且为什么不同地区的用户都在同一天起诉格力，这么多的为什么，不可能用巧合来解释。”

① 参见王云：《董明珠：中国创造需要商业环境支撑》，《财经国家周刊》2010 年第 12 期。

在董明珠看来，恶性竞争的频发，与中国商业道德的缺乏和教育环境有关。董明珠说道："我觉得格力电器，我要讲的，我们这么多年来，我们坚持在走技术创新也好，管理创新也好，我们更多的是在人才培养上。我们在格力电器弘扬的一种文化就是奉献精神、'工业精神'，来打破过去的一种'商业精神'。'工业精神'和'商业精神'最大的差别，即'商业精神'是带有投机的，它是认为我只要把这个产品卖出去了，我得到了利益，其他的问题我不管。但'工业精神'要承担一种责任，就是你知道这个产品一定是对消费者负责任的。"

"制定战略时，我们希望格力走向世界，用产品来改善人们的生活，我们追求的不是做强者、要打败谁"

众所周知，企业的发展与做强、做大都需要良性竞争，在提升产品和服务的质量的同时，最终让消费者、厂家同时获益。然而，一旦企业之间发生恶性竞争，商业底线就会被一一击破，就可能让企业与竞争者之间相互倾轧，以失实的污蔑、非正当的破坏、有策划的阴谋，甚至裹挟用户的利益来取得所谓竞争的胜利。

从当前中国企业间的竞争来看，裹挟用户利益的问题越来越突出。管理专家葛雪松、邓中华撰文指出，竞争所蕴含的原本应有的"竞优"比好的机制，被"竞劣"比差的逻辑取代，结果往往就是两败俱伤。[1] 这样的行为是不值得倡导的。

一般地，发动恶性竞争动机不同，手段也不相同。例如，有的经营者是为了抢占市场份额，有的是为了打击竞争对手，有的是为了攻击其产品，有的是为了造成消费者对整个行业的信任度下降，甚至是不信任。[2]

在这样的背景下，格力电器遭受恶意攻击也就再正常不过了。一位不愿具名的空调企业人士在接受《财经国家周刊》采访时介绍称，恶意诋毁、诬陷、渲染已经成为一些空调企业打击竞争对手的惯用伎俩，有的空调企业甚至专门找“网络推手”公司，在互联网上制造和发布大量虚假信息，混淆公众视听。[3] 与此同时，一些企业利用消费者对某些技术的不了解等因素，进行扭曲的观念引导，使得消费者对空调产品的质量标准缺乏全面了解。

该人士还说道：“这就导致一个结果，专心做研发的企业的产品销售受到冲击，恶意营销的企业却得利。长此以往，整个行业的技术研发积极性都会受挫，最终让外资厂商受益，受损失的还是行业本身。”

---

① 参见葛雪松:《恶斗近黄昏　中国企业竞争毒性解析：恶斗毒性诊断书》,《中欧商业评论》2013 年第 5 期。

② 参见葛雪松:《恶斗近黄昏　中国企业竞争毒性解析：恶斗毒性诊断书》,《中欧商业评论》2013 年第 5 期。

③ 参见王云:《董明珠：中国创造需要商业环境支撑》,《财经国家周刊》2010 年第 12 期。

面对不断恶性竞争的商业环境，董明珠在多种场合呼吁，中国家电行业应该停止恶性竞争。董明珠阐述了规避恶性竞争的做法："这个竞争，我觉得是必需的，因为人只有在竞争的过程当中，才能追赶一个先进的目标，比如说我做得比别人好，别人一定要追赶我，但是我要让人家不超过我，我就必须要更努力，这是一个良性竞争。现在我们讲的恶性竞争，这次我们人大代表提到了一个建议——不是建议，而是一个议案上来，就是充分地调查了几个月，对市场上目前环境的恶劣，希望能够立法。为什么我讲的是恶性竞争，刚才讲的这种是良性竞争，它是推动了一个行业或者整个社会进步的一个竞争。"

董明珠的呼吁并未让中国企业停止恶性竞争，恶性竞争的事件屡屡发生，有愈演愈烈之势。有些企业为了赢得胜利，手段无所不用其极，例如，有的企业到别的企业用恶劣的手段去挖人。

在董明珠看来，最可恶的恶性竞争是利用现在网络的发达，有一些企业不择手段，如紫砂煲事件。

董明珠之所以将其归入恶性竞争中，是因为这种恶性竞争已经不顾消费者的利益了，只考虑企业自身的利益更大化。董明珠举例说："紫砂煲这个事件，人家都说可能它的成本就十块钱，但换成一个紫砂煲，它利用一种化学原料变成紫砂煲以后，可能就卖几百、上千块钱，这是坑害消费者的利益，我仍然认为它也是恶性竞争。"

董明珠认为，要杜绝恶性竞争，就必须净化中国的商业环境。董明珠在多个场合呼吁，中国的商业环境需要进行净化，不良的风气亟须遏止，否则中国经济发展将错失通过创新科技调整产业结构升级的大好机遇，甚至走向恶性循环，最终在国际市场中失去竞争力。①

董明珠坦言："制定战略时，我们希望格力走向世界，用产品来改善人们的生活，我们追求的不是做强者、要打败谁。只有这样，同行之间才不是你死我活，而是相互促进。如果怀着要挤垮谁的心态，是低级的竞争；如果怀着改善人们生活的理念，企业就愿意与大家共同发展，在竞争中相互取长补短。理念不同，结果就不一样。"

① 参见王云：《董明珠：中国创造需要商业环境支撑》，《财经国家周刊》2010年第12期。

第三章

海外拓展：先有市场，再有工厂

格力国际化有几个最基本的原则：第一个是“先有市场，再有工厂”，这一点始终没动摇过。如果当地人不认可这个产品，那么生产线为谁服务呢？第二个，我们坚持用自有品牌出口，保证品质。有的企业说我的出口量最大，但不是自有品牌，这在我看来没什么意义。如果格力愿意，可以用低价把全世界的产品都拿到我这儿来代工，但有什么意义呢？第三个，国际化不是简单地哪里成本低就到哪里建工厂。

——格力电器董事长　董明珠

一、"积极参与国际竞争和角逐。只有这样，我们才能建立自己的全球竞争力"

2019 年，格力电器在国际化市场的拓展中取得了丰硕成果，先后中标毛里求斯体育馆、马尔代夫外交部办公楼、加蓬国民会议中心、斯里兰卡变电站、尼泊尔博卡拉机场等大型工程，同时也协助当地政府进行了库克岛档案馆、纽埃议会大楼、纽埃机场等援助项目。同时，格力电器在海外市场继续坚持高端引领策略，品牌影响力持续扩大。全年共筹备美国亚特兰大空调、暖通及制冷展和美国芝加哥国际家庭用品及小家电展等国际性专业制冷展会 14 场，展现了格力电器自主研发的工业实力。2019 年，格力电器在合肥生产基地举行"格力成就未来"第三届海外经销商大会，加强与全球经销商的交流合作，提升了格力电器品牌影响力，在全球舞台上展现中国制造的实力。[①]

追根溯源，格力电器的国际化市场拓展源于 20 世纪 90 年代。时任格力电器董事长朱江洪认为，海外市场才是支撑格力电器高速发展的一个推进器。

---

① 参见《珠海格力电器股份有限公司 2019 年年度报告》，2020 年 4 月 30 日。

2012 年，朱江洪退休时，格力电器海外营收比例为 15.9%；2016 年这一比例为 15%，下滑 0.9 个百分点。2019 年，格力电器的主营业务外销收入为 20815452041.70 元，占比 10.51%。

关于格力电器的国际化，朱江洪的理由是："是龙，就应该去大海搏击！在经济全球化的大潮中，企业很难找到一个避风的港湾。中国企业在未来的舞台上想要立足，就必须主动和勇敢地走出国门，积极参与国际竞争和角逐。只有这样，我们才能建立自己的全球竞争力，中国才能诞生真正的世界品牌。"

"格力自主品牌产品获得欧盟以及德国、法国、美国、日本、澳大利亚、巴西、阿根廷、中东等多国和地区安全、能源及性能认证，远销世界 160 多个国家和地区"

作为国际化市场的拓展者，格力电器是中国企业中一个很有代表性的企业。1998 年，格力电器开始拓展南美洲最大的国家、享有"足球王国"美誉的巴西市场。

经过二十余年的国际化市场拓展和经营，格力电器取得了不俗的业绩。截至 2019 年 12 月 10 日，格力电器的产品远销 200 多个国家和地区，格力电器自主品牌远销 160 多个国家和地区。2019 年财报数据显示，外销 – 主营业务营业收入为 20815452041.70 元人民币，占营业收入的 10.51%，见表 3–1。

表 3–1　格力电器 2019 财年内外销主营业务占营业收入比重

单位：元

项目	2019 年		2018 年		同比增减
	金额	占营业收入比重	金额	占营业收入比重	
内销–主营业务	136073206974.43	68.67%	148322536473.83	74.86%	–8.26%
外销–主营业务	20815452041.70	10.51%	22269892015.34	11.24%	–6.53%
其他业务	41264368524.22	20.82%	27530748567.67	13.90%	49.88%

另有数据显示，格力电器占据全球 30% 的空调市场份额。在“一带一路”沿线国家和地区，格力电器的表现更是不凡。以巴基斯坦市场为例，格力电器自主品牌在该国有超过 30% 的市场份额，牢牢占据头把交椅。[①]

作为中国名牌，在“第二届中国品牌发展论坛”上，格力电器登上首次发布的“2018 年中国品牌价值百强榜”，凭借 687.53 亿元的品牌价值，位列家电行业之首。

董明珠说道：“格力通过自主创新精神和‘完美质量’模式来增强品牌竞争力，有了这两者，品牌建设就有了速度和力量。要成为一个优秀的品牌，必须做引领者而不是追随

① 参见沈梦怡：《格力电器：“走出去”做“世界的格力”》，《南方日报》2017 年 6 月 6 日。

者，自主创新是品牌的灵魂。未来格力仍将坚持走自主创新道路，不断掌握核心技术，丰富品牌内涵，真正让世界爱上中国品牌。”

此外，格力电器还是首批入选新华社“民族品牌传播工程”的企业品牌，此次共有14家企业上榜。2017年8月26日，格力电器市场部部长陈自立在接受新华网记者采访时介绍了格力电器在海外市场的拓展情况。

陈自立说道：“格力将持续坚持自主创造，深耕核心科技，同时借助新华社民族品牌传播工程的平台和资源，实现对海外市场的进一步开拓，带着中国制造走出去，带着优质的产品走出去，最终实现民族品牌走出去，让中国，让格力的技术、产品服务全世界。”

在陈自立看来，作为“世界品牌”的格力电器，其影响力渐渐地凸显出来。陈自立补充说道：“格力自主品牌产品获得欧盟以及德国、法国、美国、日本、澳大利亚、巴西、阿根廷、中东等多国和地区安全、能源及性能认证，远销世界160多个国家和地区。”

相比格力电器，很多中国企业虽然体量很大，甚至是中国本土市场的隐形冠军，却无法走出国门。原因有如下几个：第一，很多中国企业经营者缺乏国际化战略经验。第二，价格战一直是中国家电业惯用的市场术之一。第三，崇尚营销至上，摈弃技术创新，不以质量和品牌为导向的做法，给消费者造成低端、无质量保证的印象，增加了撬开国际市场大门的难度。

产业在线研究人员告诫中国企业经营者："家电品牌走向世界，需要在核心技术、创新力、产品结构上下功夫，而中国家电品牌要跟上国际上历史悠久的家电企业，必须依靠自己的努力走自主创新的路子。"

反观格力电器的国际化路径，不难看出，格力电器凭借"产品结构的调整""核心技术的创新""自主品牌"国际化市场拓展战略，夯实了自己成为世界品牌的根基。

据格力电器海外负责人介绍，具备创新性的产品力一直是格力电器拓展世界市场的利器。他说："国际市场变幻莫测，必须不断地进行技术升级，调整产品结构。"

该海外负责人介绍称，格力电器研发和生产的节能环保核心科技产品备受消费者的青睐。例如，全能王空调、高效直流变频离心机、空气能热水器、R290 新冷媒升级产品、太阳能空调等。

值得一提的是，格力电器研发的 R290 新冷媒环保空调、第二代太阳能变频空调与 R32 新型冷媒环保空调，以及双级变频压缩技术的全能王空调等产品，不仅做到了节能环保，还获得了联合国充分肯定，成为中国家电行业首个获得蒙特利尔多边基金的企业，基金数额高达1466万美元。[①]

正是在“产品结构的调整”“核心技术的创新”“自主品牌”三驾马车的驱动下，格力电器的国际化战略初步取得成功。2019年，格力电器迈入《财富》“世界500强”行列，再次将中国品牌展现在世界面前。

“国际化的方式各有各的选择，我认为中国企业国际化不能是简单输出资金，而是要输出技术和管理”

如同西方谚语“1000个人眼中就有1000个哈姆雷特”一样，尽管1000个企业就有1000个国际化的路径，但是中国企业在选择自己的国际化路径时，必须依据企业的实际情况作出判断，依据战略作出决策，选择一条适合自己的国际化之路。例如，吉利收购沃尔沃，联想并购IBM PC事业部，以此布局自己的国际化战略。

对于中国企业，是否一定要通过并购目标企业实现自己的国际化战略呢？在接受《上海侨报》采访时，董明珠发表了自己的看法。董明珠说道：“我觉得国际化不适合每个企业，还是要以稳健为主，我们一直采用稳健的发展策略。可能有人说我太保守，也可能这是女性与男性的差别。国际化的方式各有各的选择，我认为中国企业国际化不能是简单输出资金，而是要

---

① 参见晨路：《大打节能环保牌　格力电器今年出口增幅冲击20%》，《第一财经日报》2013年10月24日。

输出技术和管理。当然，欧美的百年老店也通过收购当地企业来实现本土化，但如果只收购别人的技术，很难说能够成功。”

董明珠之所以较为慎重地选择格力电器的国际化路径，是因为中国企业进军海外市场时存在诸多战略风险。董明珠介绍说：“格力去年（2010 年）3000 万台的空调销售量里，20%—25% 是出口海外市场的。对于‘走出去’，坚持的原则是先有市场，再有工厂。此前，很多企业开出很好的条件，但我们还是坚持自己主张，坚持走出自己的品牌和质量，而不是简单走出一个数量。”

在董明珠看来，拓展国际化市场，必须依据自身企业的实际情况，也必须重视企业在拓展国际化市场中存在的各种潜在风险。因此，企业在制定国际化决策时，需要建立在长期战略基础之上。在这里，我们就以日本龟甲万株式会社的国际化为例。

在诸多日本企业中，龟甲万株式会社的规模无法进入日本前 100 名大企业行列，但是龟甲万株式会社在海外市场扩展中取得了较为出色的业绩，甚至有学者撰文指出，龟甲万是一个国际化拓展得较好的公司。这样的评价主要源于龟甲万在美国等 100 多个对酱油毫无所知的国家中培养和创造了巨大的酱油消费市场。正因如此，龟甲万的国际化经验才被日本商界普遍称赞，甚至堪称奇迹，令后进的日本企业自愧不如。

早在日本明治维新以前的 1853 年，美国海军准将马休·佩里（Matthew Calbraith Perry）率领舰队进入日本江户

（今东京）岸的浦贺，把美国第十三任总统米勒德·菲尔莫尔（Millard Fillmore）写给日本天皇的信交给了德川幕府，要求同日本建立外交关系和进行贸易，史称“黑船事件”（亦称“黑船开国”）。1854年，日本与美国签订了神奈川《日美亲善条约》，又名《神奈川条约》，同意向美国开放除长崎外的下田和箱馆（函馆）两个港口，并给予美国最惠国待遇等。[①]

接踵而来的一系列条约的签订，日本市场加速向欧美国家敞开。对于像龟甲万这样具有国际化视野的企业经营者来说，日本向欧美市场开放通商口岸，是一个拓展国际化市场的绝佳机会，由此迈出了国际化市场拓展的第一步。

经过100多年的海外市场拓展，龟甲万酱油已经被异域消费者认可。1957年后，龟甲万酱油成为美国主流市场推广陌生商品的经典案例。

20世纪50年代，龟甲万把日本纯酿造的酱油产品推广到美国市场，而对美国消费者而言，酱油完全是一个陌生的产品。

在龟甲万的大力推广下，美国消费者接受了酱油产品，酱油消费的数量大幅提升，让龟甲万的海外拓展更上一层楼。

1973年，龟甲万在美国威斯康星州瓦尔渥斯创办酱油工厂，这也是在西方世界中创建的规模最大的酱油酿造工厂。

其后，经过20年余年的深耕，龟甲万酱油的销量大增，

---

① 参见吕理哲：《东京湾的黑船》，《印刷技术》2012年第9期。

增幅达到10倍。具体的做法是，为了更好地迎合美国消费者，龟甲万针对美国消费者的口味，研发出适合美国消费者的新产品。例如，照烧酱。其后又研发了照烧烤肉酱、加了蜂蜜和凤梨的照烧烤肉酱，以及盐度仅有普通酱油60%的低钠淡味酱油。

除了美国市场，在欧洲市场上，龟甲万酱油的需求量也显著地增加。20世纪70年代初期，龟甲万从德国市场开始拓展。在杜塞尔多夫，龟甲万创办了两个子公司——龟甲万大都会有限公司（Kikkoman Kait okai GmbH）和龟甲万欧洲贸易有限公司（Kikkoman Trading Europe GmbH）。

经过多年的培育，欧洲市场已经接受了酱油这个产品。1996年4月，龟甲万在欧洲创办酱油酿造工厂。如今，龟甲万已经把酱油产品推广到100多个国家和地区，见表3-2。

表3-2　龟甲万国际化拓展大事记

序号	说明
1	1868年，把贴有龟甲万商标的第一桶酱油运往美国的夏威夷和加州，销售给定居美国的日本移民
2	1871年，贴有龟甲万商标的酱油参加澳大利亚世界博览会，龟甲万酱油获得该展会上优质产品推荐证书
3	1872年，贴有龟甲万商标的酱油参加阿姆斯特丹世界博览会
4	1879年，龟甲万的商标在美国加州注册
5	1886年，龟甲万的商标在德国注册
6	1906年，美国各州的注册工作全部完成
7	1957年，龟甲万在美国旧金山成立分公司
8	1973年，龟甲万在美国威斯康星州瓦尔渥斯创办酱油工厂
9	1996年4月，龟甲万在欧洲创办酱油酿造工厂

在本案例中，龟甲万的国际化市场拓展与格力电器有着异曲同工之处，即“先有市场，再有建工厂”。与此同时，每一次在海外市场推广和培育之前，龟甲万都会评估和考察当地的市场，从而更加精准地切入当地市场。尽管这个过程非常缓慢，审慎的前置处理时间很长，却能让消费者接受酱油产品。

正如董明珠所言：“作为企业家，我相信拿 50 亿元、100 亿元到哪里建个厂都是很容易的事情。钱不是问题，但如果你轻而易举一扔就没了，不仅是对员工不负责任，也是对社会不负责任。如果你做了这样的风险决策，却不能够抵御或承受这个风险，那几万员工一旦失业，就会造就社会风险。”因此，在国际化战略中，特别是在海外建厂，必须评估其风险，还必须认识到自己是否有抵御或承受这个风险的能力。

二、“‘先有市场，再有工厂’是我们的原则，只有我们的产品在当地市场有一定影响力和市场份额，才会去考虑建工厂”

在拓展国际化市场的探索中，格力电器始终都在坚持“先有市场，再有工厂”的稳健国际化策略。不管朱江洪还是董明珠，都坚持该原则。

在多个场合，董明珠直言：“只有格力电器的产品在当地市场有一定影响力和市场份额，才会去考虑建工厂。”

2011 年 3 月，董明珠在接受《中国证券报》记者陈静专访时介绍称，在美国市场，作为格力电器自主品牌的空调，其年销售量已经达到 150 万台。是否在美国创建工厂，仍旧处于调研阶段。董明珠说道：“格力在巴西市场的年销售量有 50 万台，已经成为当地空调市场的知名品牌。近几年经过不断调整，巴西工厂发展得比较顺利。目前，我们正在计划去美国市场建立我们自己的工厂，现在还处于调研阶段，具体的细节都还没有确定。格力一直坚持稳健发展，在‘走出去’方面积极探索，但是算是比较保守的，毕竟我们不能拿着企业的资金去冒险。‘先有市场，再有工厂’是我们的原则，只有我们的产品在当地市场有一定影响力和市场份额，才会去考虑建工厂。

其次，坚持有自己的品牌。另外，我认为国际化不是寻找成本低的生产国，而是达到资源的优化配置。”

“在全球布局生产基地时，在当地销售量能否达到100万台以上，将会是一个基本考量。同时，坚持自主品牌”

对于格力电器的国际化路径，董明珠有着自己的理解。董明珠说道：“一个企业真正实现国际化的支撑点在于它的品牌国际化，而决定品牌国际化的是核心技术、产品质量以及服务是否国际化。如果仅仅是在世界各地建有工厂，就不是真正意义上的国际化。我们国际化坚持三个基本原则：首先是‘先有市场，再有工厂’。如果当地人不认可这个产品，那么建了生产线又为谁服务呢？所以在全球布局生产基地时，在当地销售量能否达到100万台以上，将会是一个基本考量。同时，坚持自主品牌。有的企业出口量很大，但不是自有品牌，这在我看来没什么意义。如果格力愿意，可以用低价把全世界的产品都拿到我这儿来代工，但有什么意义呢？另外，走国际化道路，并不是简单理解为哪里成本低就到哪里建工厂，建工厂的目的主要是接近服务市场。”

的确，在国际化路径中，中国企业始终都在探索适合自身的国际化模式。目前，中国进行的国际化市场拓展模式有如下几种：（1）“先难后易”模式，海尔就是其中一个较为典型的企业。（2）通过跨国并购实现自己的国际化战略，其中较为典型的企业，如 TCL、联想、吉利汽车、三一重工等。（3）“先有市场，再有工厂”的国际化市场拓展思路，其中较为典型的企业如格力电器。

在这诸多国际化市场拓展模式背后，其实是中国企业海外战略的各种尝试。其中，格力电器的国际化战略实施得相对较早，且始终坚持“先有市场，再有工厂”的国际化市场拓展战略。

回顾格力电器的国际化，格力电器先把目光停留在南美洲，决定从巴西的热带雨林开始此次国际化探险。

在巴西市场，尽管最初一年的销售量只有区区 2000—3000 台空调，但是格力电器每年的增幅都非常大。再加上当时巴西政府对进口家电要征收高达 60% 的税率，在这样的背景下，由于格力空调在巴西市场获得认可，格力电器最终决定 1999 年在巴西建立工厂。

2001 年 6 月 11 日，格力电器巴西生产基地正式投产。经过多年的发展，格力电器巴西公司已经成长成为一家拥有员工 430 余人，年销量逾 30 万台套，销售网点遍及巴西 24 个州，并辐射中南美洲的国际家电品牌。

值得一提的是，2004 年，格力电器巴西生产基地就首次实现盈利，金额达到 2500 万元。2005 年、2006 年实现超过 70% 的增长。2010 年 8 月至 2011 年 4 月，格力巴西公司在本财年的销售额已经实现增长近 92%。[1] 顶点财经的统计数据显示，巴西市场空调销售业绩快速攀升，其净利润贡献率也直线上涨，2005 年，实现净利润 1000 万元，见图 3-1。

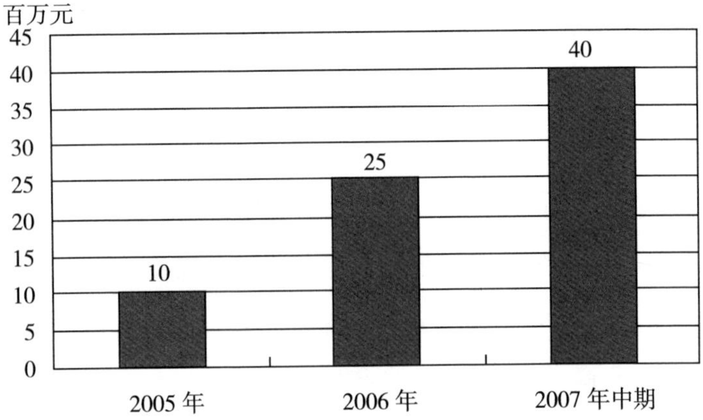

图 3-1　格力电器（巴西）2005—2007 年中期净利润贡献率

对于格力电器在巴西市场的旗开得胜，董明珠解释道，格力电器先做市场，再有工厂的国际化模式，可以最大化地控制海外市场拓展的风险。的确，在中国许多企业“走出去”的国际化案例中，既有成功的经验，也有失败的教训。

董明珠介绍道，格力电器坚持选择先做市场，后建工厂，其原则如下：首先，“先有市场，再有工厂”，只有当格力的产品在当地市场有一定影响力和市场份额，才会去考虑建工厂。

① 参见张斐斐:《格力：深耕巴西的样本》,《经济观察报》2011 年 4 月 2 日。

其次，坚持自己的品牌，用产品质量打造品牌美誉度，而非过分强调销售数量。另外，国际化不是寻找成本低的生产国，而是达到资源的优化配置。[①]

如此原则一方面有效地保证了格力电器在国际化过程中能够顺利地推进，另一方面还可以控制其工厂的规模。例如，格力电器在巴西建厂时，最初计划投资几亿元，前期投入了几千万元之后发现，巴西的空调市场非常不容易控制，于是就削减了后来的投资建厂生产规模。

面对格力电器在国际化过程中取得的成绩，董明珠看得非常深远，她说："格力要用先进的技术去建厂，而非简单的资本投入。"

"在巴西、巴基斯坦、越南等国家，格力的成功之道均在于'先拥有当地市场和消费群体，再建立生产基地'"

2008 年美国次贷危机之后，中国企业凭借自身的技术业务、融资渠道等优势，通过海外并购的模式"走出去"的热情至今未减。2019 年，中国市场上市公司海外并购就达到 117 单，交易金额约 1245 亿元。

普华永道（PWC）发布的"2019 年中国企业并购市场回顾与 2020 年展望"报告显示，按照交易金额计算，中国大陆

① 参见侯雪莲：《董明珠：专业化靠核心技术》，《中国经营报》2011 年 3 月 11 日。

企业海外并购回落到 2015 年的水平，但是依旧存在大量较小规模的海外并购，整体交易量保持不变，甚至有所增加，见图 3–2。

从并购的活跃度上来看，交易的总金额显著下降，超大型并购交易明显减少，但是中国民营企业依旧活跃，它们是中国目前最积极的海外并购者，见图 3–3。

从普华永道的这份报告可以看出，即使是新冠肺炎疫情蔓延全球的 2020 年，一部分中国企业由于拥有较强的现金流，通过并购的手段补足自身的短板或者借此开疆拓土，一旦疫情结束，就可以抢占被淘汰企业释放出来的市场份额。它们通过全球化战略布局，可以加强全球供应链的安全，同时也可以抵御单一供应链的市场风险。

众所周知，中国企业全球化并购，动机还是拓展更多的市场，获取更多的利润。在中国家电企业中，海尔的并购也在加速。

据媒体披露，2012 年 11 月 6 日，海尔先后获得新西兰海外投资办公室、中国国家发展和改革委员会以及青岛市商务局批准，以 9.27 亿新西兰元（约合 7.66 亿美元）的价格并购斐雪派克电器有限公司（Fisher & Paykel）超过 90% 的股份。此举意味着海尔在国际化市场的拓展能力得到进一步的提升推进。

此次并购前，海尔在 2009 年就通过参与投资斐雪派克一

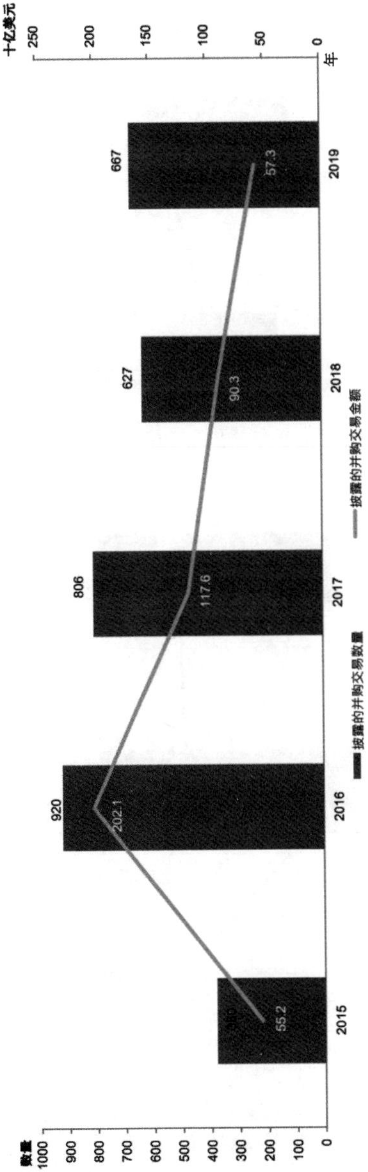

图 3-2　2015—2019 年中国大陆企业海外并购交易数量和交易金额

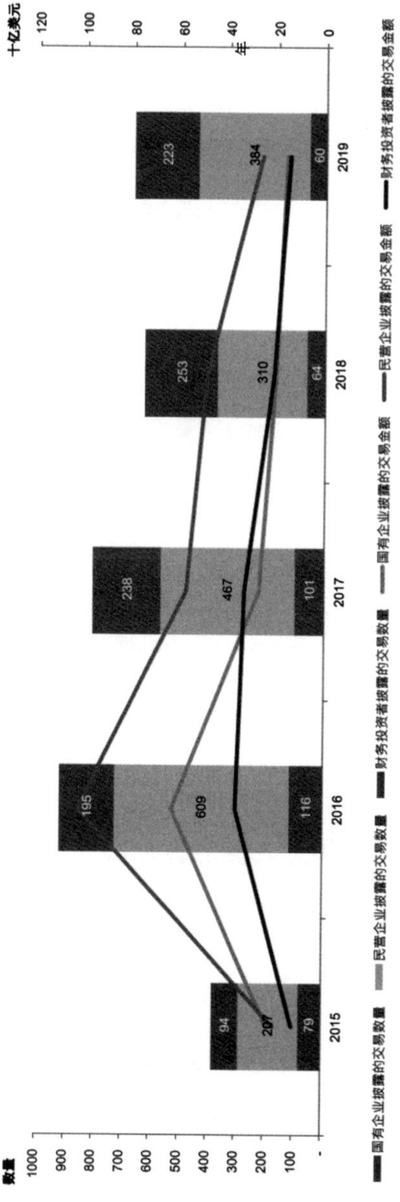

图 3-3　2015—2019 年中国大陆企业海外并购交易数量和交易金额按投资性质分类

项股权融资计划获得对方 20%的股份了，且在该公司董事会中占有两个董事席位。

从 2009 年合作开始，在高端市场的渠道营销和研发技术方面，斐雪派克的战略资源让海尔受益匪浅，尤其是把握全球用户需求、拓展高端市场等方面。

对于此次并购，海尔新西兰投资控股有限公司董事长、海尔白电集团总裁梁海山并不讳言其战略意图，他说道："此次增持是海尔全球化品牌战略发展的重要步骤之一，海尔对斐雪派克成功增持后，将能够与斐雪派克携手为中国消费者乃至全球消费者提供真正满足用户不同需求的产品和解决方案。……随着海尔和斐雪派克的更紧密合作，会实现双方在研发、制造和营销等多方面的双赢。同时，我们也相信，海尔和斐雪派克的更进一步合作将有助于海尔继续强化全球竞争优势，更深层次实现本土化和国际化。"

斐雪派克接受海尔的融资，源于自身的边界拓展战略。正当斐雪派克有序地拓展国际市场时，次贷危机引发了 2008 年国际金融危机。在此危机的影响下，斐雪派克的高速发展戛然而止，销量由此开始大幅下滑。即使在新西兰、澳大利亚、美国以及欧洲市场，斐雪派克的销售额都出现了长期连续下滑的态势。

金融危机的蔓延，让斐雪派克背负沉重的债务，由此逐渐陷入经营困境。斐雪派克曾对外公布，2008 年 4 月至 2009

年 3 月，斐雪派克共亏损 9530 万新西兰元。相比之下，上一财年斐雪派克却是大幅盈利。

斐雪派克出现亏损后，开始了自救之路。先是与新西兰银行商定了具体的救援斐雪派克计划，包括向策略投资者发行股份等措施。其后，斐雪派克接洽了一直试图打造中国首个全球品牌且不断地扩张海外市场的海尔。

2009 年 5 月 27 日，斐雪派克在官方网站公开了自己的股权融资计划。随后，海尔向其表达投资意向，以 2850 万美元的价格，购买了 20% 的斐雪派克股份，以及两个董事会席位。海尔与斐雪派克的姻缘就此开始。

海尔的积极救援，让斐雪派克渐渐地摆脱了困境。当海尔购买斐雪派克 20% 的股权成为其最大股东后，斐雪派克的股价即刻开始上涨，涨幅超过 50%。对此，中信证券上调了海尔 2010—2012 年 3 年的股票收益，每股收益至 0.72 元、0.89 元和 1.09 元，净利润年增长率分别为 26.3%、23.6% 和 22.5%。[①]

中信证券之所以很看好海尔未来三年的盈利预期，源于海尔受益于其救援的斐雪派克。在高端市场上，海尔不管营销还是研发资源，对把握全球用户需求、开拓全球高端市场等方面，都将从斐雪派克收获更多的研发和渠道推广经验。

---

① 参见宋玮、康怡：《海尔收购新西兰家电巨头背后：不得不做》，《财经》2012 年第 11 期。

究其原因，海尔在驰援斐雪派克，成为其股东时，与斐雪派克还签订了一份战略合作协议。该合作协议包括开发高端家电，为海尔和斐雪派克两家公司的用户提供解决方案；在全球基础上加强企业合作，规划公司与产品的发展，利用、补充和强化两家公司的技术优势；协调两家公司的全球生产资源以降低生产成本，优化公司采购的成品、元件、材料和机械以降低采购成本；在全球基础上加强售后服务合作。①

根据战略合作协议，由此拉开了海尔与斐雪派克合作的序幕。海尔与斐雪派克合作的项目较多，尤其是洗衣机研发制造技术。例如，洗衣机的碳发电技术等。2010 年底，海尔与斐雪派克共同研发的匀动力洗衣机，颠覆传统水平旋涡式洗涤模式，创新上下翻滚洗涤模式，具有省水、防缠绕、低磨损等特点，开创了洗衣机行业均匀洗涤新时代。该产品获得 IFA 国际消费电子展颁发的“2010 年度最佳技术创新奖”。2011 年 3 月，海尔与斐雪派克进一步签订“绿色洗涤技术研发合作协议”。2012 年，海尔推出的“水晶”系列滚筒洗衣机，是与斐雪派克共同开发的又一力作。产品采用“S-D plus 芯变频”技术，具有噪声低、洗净度高、节能环保等特点。此外，斐雪派克还为海尔设计生产直流电机。据了解，首批产品已于 2012

① 参见苏庆华：《海尔：海外扩张的新起点》，《当代经理人》2009 年第 7 期。

年 4 月交付海尔使用。[①]

经过几年的合作，海尔有意并购斐雪派克的更多股份。2012 年 9 月 11 日，海尔拟以每股 1.20 新西兰元，大约 8.69 亿新西兰元的价格向斐雪派克发出并购要约，试图并购更多的股份，以此实现完全控制斐雪派克的战略。

让研究者没有想到的是，海尔并购斐雪派克的进展并不顺利，该公司独立董事们一致建议股东拒绝海尔继续收购斐雪派克更多股份的要约。

斐雪派克董事会主席基思·特纳（Keith Turner）说道："斐雪派克的合理股价应该在 1.28 与 1.57 新西兰元之间，……因此，我们建议股东们不要接受海尔的收购要约。"

对于斐雪派克不接受海尔的收购要约，海尔回应解释称，斐雪派克独立董事们之所以对其估值范围过于乐观，是因为他们没有准确地把斐雪派克未来 5 年战略计划包含的风险计算在内。梁海山回应说道："如果要约不成功，斐雪派克的股价很可能会大幅下滑。"

要约收购斐雪派克受阻，让海尔再次评估此次并购。10 月 18 日，海尔接受斐雪派克董事会主席基思·特纳的每股 1.28 新西兰元的建议，由此达成了并购共识。

11 月 6 日，海尔以 9.27 亿新西兰元并购斐雪派克。这意

---

① 参见任芳：《成功收购斐雪派克　海尔进一步推进全球化战略》，《电器》2012 年第 12 期。

味着海尔拥有斐雪派克的股份超过 90%。在此次收购中，有媒体批评称，斐雪派克的规模过小，相对年收入超过千亿元的海尔，其影响微乎其微。海尔财报显示，2011 年，海尔年收入为 233 亿美元。斐雪派克 2012 年财报显示，其总收入仅为 10.38 亿新西兰元（约合 8.41 亿美元）。

对于媒体的质疑，海尔回应称，在全球化发展进程中，任何有利于公司发展并对当地市场、消费者乃至社会发展起积极作用的合作机会都在海尔的考虑范围之内。此次增持是海尔全球化品牌战略发展的重要步骤之一，有助于海尔在新西兰、澳大利亚以及欧美市场稳固地位。斐雪派克拥有诸多技术专利以及研发资源。海尔和斐雪派克的更进一步合作，能为全球消费者提供真正满足用户不同需求的产品和解决方案，继续强化海尔的全球竞争优势，在竞争激烈、充满挑战的全球市场中保持领先和增长，并实现双方在研发、制造和营销等多方面的双赢。①

在此次并购中，梁海山说道："海尔对目前的状况非常满意，未来将通过与斐雪派克的进一步合作，更深层次地实现海尔的本土化和国际化。"

在收购斐雪派克前，梁海山曾代表海尔作出承诺，斐雪派克将保持公司的独立运营和当地管理团队，海尔将支持斐

---

① 参见任芳：《成功收购斐雪派克　海尔进一步推进全球化战略》，《电器》2012 年第 12 期。

雪派克发展成为一个真正的全球高端品牌。2015 年，海尔集团将其持有的斐雪派克相关资产委托青岛海尔进行经营和管理，并承诺于 2020 年 6 月之前向青岛海尔注入斐雪派克相关资产，以全面解决同业竞争事项。2017 年 6 月，青岛海尔宣布收购斐雪派克生产设备有限公司（Fisher&Paykel Production Machinery Limited）100% 股权。由此开始，斐雪派克已经成为青岛海尔全球化战略版图不可缺失的一环。①

可以说，打造高端品牌一直是张瑞敏的梦想。张瑞敏说道："海尔缺乏高端品牌，但全球开拓能力强，正是这样的互补性优势促成了此次收购的成功。……新公司的定位将不仅仅是高端品牌的保留和发展，而是不断产生颠覆性创新，在世界上产生引领作用。"

2018 年 4 月 25 日晚间，海尔发布公告称，拟以一次性支付现金的方式，从控股股东海尔集团手中承债式收购海尔新西兰投资控股有限公司（Haier New Zealand Investment Holding Company Limited），并间接收购其全资持有的斐雪派克（Fisher&Paykel Appliances Holdings Limited）100% 股权，股权交易价格约人民币 19.06 亿元，承接交易标的股东借款本息的价款约人民币 36.13 亿元。此次青岛海尔收购斐雪派克不仅是海尔集团履行其解决同业竞争承诺的重要举措，也是青岛海尔

① 参见《青岛海尔拟收购斐雪派克 品牌集群打造业绩新增长点》，《每日经济新闻》2018 年 4 月 26 日。

践行公司全球大厨电战略，提升高端市场优势的重要跨越。[①]

对于国际化并购战略，相对海尔，格力电器却要谨慎得多。董明珠在总结格力国际化战略的文章中这样写道，格力先把产品出口到海外的一个国家，进行市场的试探性销售，看一看这个国家对格力产品的接受程度、市场容量怎样，然后考虑在那里设厂，以一个什么样的规模才能赚钱。[②]

董明珠举例称，格力电器在进入美国市场的过程中，一年自主品牌的出口量接近 150 万台。2011 年 6 月 18 日，中国格力电器股份有限公司美国分公司“格力美国”在美国南加州工业市成立，这标志着格力电器在全球扩展方面迈出重要一步。

董明珠表示，格力电器是一个国际化的品牌，在节能领域拥有核心技术。格力进军美国可以让美国人民更多地了解中国，也可为美国经济复苏和促进就业提供更多帮助。

对于创建格力电器美国分公司，同样也是基于“先有市场，再有工厂”这一理念和背景。这主要源于格力电器在“走出去”的过程中，格力电器坚持：走出自己的品牌和质量，而并非简单追求数量。格力电器在海外市场取得了卓越的成效，格力电器 2018 年财报显示，外销 – 主营业务营业收入达

---

① 参见《青岛海尔拟收购斐雪派克 品牌集群打造业绩新增长点》，《每日经济新闻》2018 年 4 月 26 日。

② 参见张斐斐：《格力：深耕巴西的样本》，《经济观察报》2011 年 4 月 2 日。

到 22269892015.34 元，占比 11.24%，见表 3-3。

表 3-3　格力电器 2018 财年内外销主营业务占营业收入比重

单位：元

项目	2018 年		2017 年		同比增减
	金额	占营业收入比重	金额	占营业收入比重	
内销 – 主营业务	148322536473.83	74.86%	113695815039.68	76.67%	30.46%
外销 – 主营业务	22269892015.34	11.24%	18493780216.02	12.47%	20.42%
其他业务	27530748567.67	13.90%	16096854753.48	10.86%	71.03%

对于格力电器在海外市场的发展，有关专家表示，格力电器已从过去单纯的产品输出，转变为今日的跨国核心技术投资，主要取决于格力电器先拥有当地市场和消费群体，再建立生产基地的国际化战略以及拥有核心技术。

格力电器表示："在巴西、巴基斯坦、越南等国家，格力的成功之道均在于'先拥有当地市场和消费群体，再建立生产基地'。"

三、“发展海外市场是为了创一流的中国品牌。中国制造必须尽早摆脱‘廉价’的印象，向中国创造进发”

在硝烟弥漫的国际空调市场的竞争中，无论在欧美市场、亚洲市场，还是在南美市场、非洲市场，一些国际空调巨头可谓费尽心思拿出了自家的套路，尽其所能地在企业丛林的竞争中杀出一条血路，其惨烈程度难以想象。

在这同台竞技的商业大戏中，格力电器毅然选择了树立自主品牌为主的发展战略。就像《圣经》里的那扇窄门，因为看起来很小，愿意进去的人自然就不多，格力电器才成为挺起中国制造的脊梁的中国品牌，承载了中华民族锲而不舍的自强精神。

在国际化战略中，董明珠的思路清晰而坚定：“发展海外市场是为了创一流的中国品牌。中国制造必须尽早摆脱‘廉价’的印象，向中国创造进发。作为一个品牌的领导者，我希望有更多的中国品牌能够立足海外，只有这样，民族企业才能撑起中国经济的脊梁，代表中国在世界范围内获得话语权。”①

① 骆沙：《董明珠：“核心技术”是民族企业生命线》，《中国青年报》2010年11月19日。

“格力的贴牌业务仍然具有一定的重要性，但这是我们国际化发展的必要途径，在营收上的比例已经不是很大”

事实证明，在海外市场拓展战略中，格力电器的国际化通过两手来实现：

第一，格力电器做贴牌业务。格力电器之所以做贴牌，源于当时自身的国际化发展策略。比如：中国产品进入日本市场较为艰难，格力电器就选择做贴牌，为大金工业株式会社提供贴牌生产。

大金工业株式会社选择格力电器做代工，看中的自然是格力电器超过大金工业株式会社的技术水平。从这个角度分析，格力电器的贴牌并不是简单地营利，而是在推广格力电器的品牌。在日本市场，渠道商都知道，大金工业株式会社的空调产品是格力制造的，这个产品输出的过程，已经实现了品牌价值的交换。

董明珠说道：“比如我们原来最早是做贴牌，甚至现在我们还会有在贴牌。我们觉得在这个过程当中，我们在巴西建工厂，就是在那里，人家觉得这个品牌非常好，质量一对比，以前我们不了解，现在觉得这个品牌比一些传统企业老牌子还要过硬，随着它的口碑不断上升，所以我们在那里建了工厂。现在在巴西一年也要接近 50 万套的市场的占有，而且格力非常自豪的是，在巴西的当地是品质最好的一个品牌，我们已经在巴西七年拿到了巴西最高荣誉‘节能奖’。”

第二，坚持自主品牌国际化。经过多年的自有品牌推广，格力电器也赢得了海外消费者认可。例如，在巴西市场，格力电器已经成为巴西空调市场的知名品牌之一。

朱江洪在接受媒体采访时自豪地说道：“巴西足球明星罗纳尔多家用的就是格力空调！”如此大牌的顶级球星使用格力空调，足以看出格力电器在巴西的影响力。

董明珠在接受媒体采访时也传达了同样的观点。董明珠认为，格力电器先做市场，后建工厂，旨在打造一个在全世界都叫得响的品牌。2011 年 3 月，在接受《中国经营报》采访时，董明珠说道：“格力的出口产品大约占总产量的 20%，有些家电企业的出口量比格力大许多，占比可能超过了 50%。我觉得简单地用数量来衡量，不能体现一个企业走出去的实质。走出去就要发扬自己的品牌。”

在董明珠看来，格力电器在做好代工的同时，更为重要的是加速自主品牌的传播和推广。据董明珠介绍，格力电器选择贴牌生产的客户，前提是一定要在国际上具有一定价值，同时这个企业也是诚信于市场、诚信于消费者的。格力电器不会为了短暂的利益，让自己辛苦多年塑造起来的品牌受到伤害。因此，格力电器在做贴牌生产的同时，逐步力推自主品牌。

自主品牌的打造，拉动了格力电器产品外销的增长。格力电器 2013 年半年年报数据显示，2013 年上半年，格力电器出口收入增幅高于内销增幅，出口的收入占比明显提升。外销收入达 103.97 亿元，同比增长 11.90%，高于内销 8.21% 的增幅，见表 3–4。

从这份半年报不难看出，格力电器在 2013 年的出口保持整体较好态势。在接受《第一财经日报》记者采访时，格力海外市场相关负责人介绍说：“格力今年（2013 年）1—9 月出口增长接近 20%。”

该负责人之所以看好格力电器的出口走势，一个重要的原因，是格力电器的订单增幅。按照订单的情况，格力电器的出口增幅大约会有 20%。这种信心一方面基于各主要出口国家市场需求出现恢复性增长，另一方面与格力自身掌握核心技术竞争力、自有品牌出口比例提升有关。

格力电器 2013 年年报数据显示，2013 年，在国内经济低位趋稳，行业不景气的大环境下，受房地产调控、节能补贴政策退出、气候等因素影响，国内市场增长乏力；海外市场受政局、经济、汇率等因素影响，需求亦较为疲软；公司坚持以市场为导向，围绕重点工作，科学决策，沉着应对，积极开拓，实现营业总收入 1200.43 亿元，较上年同期增长 19.91%；利润总额 128.92 亿元，较上年同期增长 47.12%；实现归属于上市公司股东的净利润 108.71 亿元，较上年同期增长 47.31%，基本每股收益 3.61 元，较上年增长 46.15%；取得了良好的经济效益。其中外销营业收入为 16001118016.03 元，见表 3–5。

表 3–4　格力电器 2013 年半年主营业务构成情况

	项目	营业收入（元）	营业成本（元）	毛利率	营业收入比上年同期增减	营业成本比上年同期增减	毛利率比上年同期增减
行业产品	家电制造	48001740855.21	34009179998.18	29.15%	8.99%	1.27%	5.40%
	空调	46822295842.90	32992752405.46	29.54%	9.33%	1.23%	5.64%
	小家电	716133937.15	608713846.58	15.00%	–8.88%	0.49%	–7.93%
	其他①	463311075.16	407713746.14	12.00%	7.36%	5.20%	1.80%
地区	内销	37604311557.84	25013324170.10	33.48%	8.21%	–1.20%	6.33%
	外销	10397429297.37	8995855828.08	13.48%	11.90%	8.81%	2.46%

① 项目中产品类的“其他”主要指压缩机、电机、电容、漆包线以及模具等。

表 3-5 格力电器 2013 年主营业务构成

	营业收入（元）	营业成本（元）	毛利率	营业收入比上年同期增减	营业成本比上年同期增减	毛利率比上年同期增减
分行业						
制造业	108052844520.69	71219846531.15	34.09%	18.42%	7.31%	6.82%
分产品						
空调	105487901617.95	69085322534.06	34.51%	18.68%	7.26%	6.97%
生活电器	1617926821.24	1296614727.67	19.86%	11.35%	15.33%	–2.76%
其他①	947016081.50	837909269.42	11.52%	4.16%	0.44%	3.28%
分地区						
内销	92051726504.66	57156463906.86	37.91%	21.99%	8.28%	7.86%
外销	16001118016.03	14063382624.29	12.11%	1.34%	3.52%	–1.85%

① 项目中产品类的“其他”主要指压缩机、电机、电容、漆包线以及模具等。

“我对国际化的理解，不是简单到外面投资建工厂就叫国际化。我认为对一个企业来讲，这个品牌，这个产品，全世界每个角落都用你的产品，那就是国际化品牌”

在未来的国际化市场战略拓展中，格力电器的终极目标是终止贴牌生产，百分之百地实现国际化的自主品牌。

2013 年 5 月 20 日，董明珠曾在股东大会上介绍称，格力电器的出口利润已明显改善，主要源于自主品牌出口和技术升级。此外，格力电器积极地支持中央政府的政策，不断地推动中央空调的出口。董明珠充满信心地说道：“再过两三年，格力电器将在国际市场上呈现出截然不同的自主品牌形象。”

对于格力电器的自主品牌，格力海外市场负责人在接受媒体采访时说道：“我们在沙特销售的 20 万台空调均是格力品牌；在马尔代夫的格力专卖店，自有品牌销售占 75%；在俄罗斯、意大利、保加利亚等国，格力也有明显优势。”

在更广泛的层面，格力电器凭借技术创新，解决了国际化之路诸多瓶颈问题。公开的数据显示，格力电器 2013 年 1—9 月出口增长已接近 20%，其自主品牌产品目前已占海外销量的 30%，覆盖 100 多个国家和地区。业内专家在接受媒体采访时说道：“格力国际化的意义，更多的是展示了中国企业从技术跟随者走向技术创造者，依靠创新的自主品牌向世界展示了中国企业的创新力。”

正因如此，国际投资银行家罗伯特·劳伦斯·库恩博士（Robert Lawrance kuhn）更是直言：“格力电器已经具备世界级企业的资质，代表着中国企业的发展方向。”

面对海外战略的利好消息，董明珠介绍了格力电器的全球战略布局及其重点：“2011 年 6 月，我们的美国分公司在加利福尼亚州工业市成立，这标志着格力自主品牌进军国际市场掀开崭新一页。截至目前，格力电器在全球布局中，已经有了珠海、重庆、合肥、郑州、武汉国内生产基地，以及巴西、巴基斯坦、越南 3 个海外生产基地。”

根据格力电器官网介绍，格力电器在国内外建有 14 个生产基地，分别坐落于珠海、重庆、合肥、郑州、武汉、石家庄、芜湖、长沙、杭州、洛阳、南京、成都以及巴西、巴基斯坦；同时建有长沙、郑州、石家庄、芜湖、天津 5 个再生资源基地，覆盖从上游生产到下游回收全产业链，实现了绿色、循环、可持续发展。

生产基地的建立是保证格力电器品牌国际化成功的重要一环，董明珠补充说道：“格力的国际化，是让自己的品牌走出去。这需要坚强的技术支撑。要打赢国际化这一仗，绝非依赖低价扩张或代工模式，而应以技术研发投入和优异的产品质量来驱动。唯有如此，我们的产品才会被市场选择。正因这份坚持，格力电器的国际化步伐方能日益稳健。”

董明珠举例称，在 2008 年国际金融危机影响下，格力电器的贴牌业务遭受较大影响，却意外地给格力电器加大自主品牌出口创造了条件。数据显示，2008 年，金融危机导致格力电器的出口大约减少了 20 亿元，即 250 万台的贴牌加工产品被叫停。其后，格力电器不得不把 30 万台自主品牌的格力空调投入美国市场，在出口总额下滑的情况下，利润反而增长了 30%。

综观格力电器的海外战略，不难看出，从拓展国际市场的第一天起，格力电器在坚持做贴牌生产的同时，逐步在出口中力推自主品牌。目前，格力电器自主品牌的产品已经进入了 160 多个国家和地区，甚至还进入了英、法、美等发达国家的主流销售渠道。

当然，格力电器坚持扩大自主品牌出口，一方面避免了在国际市场上完全受制于人的经营风险，另一方面，格力电器凭借优良的品质，提升了自主品牌的竞争力。

董明珠介绍道："格力空调的海外策略不是先有工厂，而是先有市场。当格力空调这个品牌已经是受消费者欢迎的一个品牌的时候，这里有市场的需要就在这里建设工厂，所以我对国际化的理解，不是简单到外面投资建工厂就叫国际化。我认为对一个企业来讲，这个品牌，这个产品，全世界每个角落都用你的产品，那就是国际化品牌，所以我逐步建工厂是因为市场的需要而建工厂，我是这样理解国际化道路的。"

董明珠坦言，格力电器的最大愿景是打造一个在全世界叫得响的品牌。董明珠认为，海外市场的拓展保证了格力电器自主品牌的技术优势。格力电器海外市场负责人坦言：“产品结构带来的增长，大于数量增加带来的增长……随着能效标准升级，格力出口到欧洲的空调100%都已是变频空调。而据‘蒙特利尔协议’，全球所有发展中国家从2015年开始都要淘汰R22冷媒的空调，转向使用环保冷媒的空调。因此，印度、东南亚、阿根廷、墨西哥等国家和地区都在逐步进行切换。海外市场前景辽阔。”

在格力电器海外市场负责人看来，格力电器以核心技术为导向，不断调整产品结构，赢得更大的发展空间。对此，有学者分析道：“在全球经济复苏未完全稳固的情况下，格力取得这样的成绩，并勇于加大对海外市场的开拓，源自多年积累。其卓越的产品质量、超前的节能技术、不断调整的产品结构以及精益求精的理念，是确保企业不受冲击的法宝。”

“我们坚持走出去，不是说拿几十亿元到外面收购一个企业，或者是收购一个工厂就是国际化，真正的国际化是走出自己的品牌”

2019年12月31日，根据格力电器财报，其下半年营业收入为833.33亿元。其中，海外营收已达138.69亿元，大约占到全部营收的16.64%，见表3-6。

表 3-6 2019 年下半年格力电器
主营业务收入、成本利润及毛利率

业务名称		营业收入（元）	收入比例	营业成本（元）	成本比例	利润比例	毛利率
按行业	制造业	833.33 亿	100.00%	538.45 亿	100.00%	100.00%	35.39%
	空调	793.25 亿	95.19%	507.48 亿	94.25%	96.91%	36.02%
按产品	生活电器	25.61 亿	3.07%	18.39 亿	3.42%	2.45%	28.20%
	其他	10.32 亿	1.24%	9.07 亿	1.68%	0.42%	12.14%
	智能装备	4.15 亿	0.50%	3.51 亿	0.65%	0.22%	15.49%
按地区	内销	694.64 亿	83.36%	413.83 亿	76.86%	95.23%	40.43%
	外销	138.69 亿	16.64%	124.62 亿	23.14%	4.77%	10.14%

按照这样的国际化营收占比，格力电器只能说是一个实施国际化战略的公司，而不是跨国公司。究其原因，在 2018 年 9 月举办的 CBD 跨国公司论坛上，中国人民大学国际货币研究所理事兼副所长向松祚是这样定义跨国公司的。

向松祚讲道："我们经济学者有一个定义，什么叫跨国公司？公司的收入和利润至少 30% 是来自本土以外的市场，这是一个指标。当然跨国公司还有很多指标，但这是一个很重要的指标。我们的五大银行，按总资产排名都是 TOP 10，它们是跨国银行吗？根本不是，这些银行根本没有一家能算得上跨国银行，它们的收入利润 90% 是来自本土市场。我们号称进入世界 500 强的企业，已经超过 100 家了，那是按总资产算的，我们的'三桶油'，中国移动、中国联通，不都进入了世界 500 强吗？但是它们是跨国公司吗？根本不是。现在中国能够称得上跨国公司的著名企业，就是一个华为。这是与中国经济，所谓世界第二大经济体，完全不相称的。中国虽然出现了著名的企业，比如阿里、腾讯，但是华为比这些企业高好几个档次，阿里巴巴也是国内企业，而不是跨国公司，即使市值很高。”

鉴于此，在国际化市场的力度上，格力电器仍需加强。对此，朱江洪反思道：“格力的国际化做得不够好，出口相当部分是贴牌，只赚一点儿加工费，品牌价值给别人赚。不过海外的销售渠道、市场推广、售后维修，需要大量投入，可能开始 5 年、10 年没有回报。”

在朱江洪看来，要想把格力电器打造成一个真正的国际化品牌，就必须从打造自主品牌开始。20 世纪 90 年代末，朱江洪在考察欧洲市场时，途经法国海关，工作人员对朱江洪是先恭后倨。

原因是，法国海关人员误以为朱江洪是日本人，当工作人员发现朱江洪是中国人时，不但笑容没了，甚至还故意刁难。

此次不寻常的欧洲考察之旅，激发了朱江洪把“格力”打造成世界品牌的决心和勇气。朱江洪说：“中国企业有责任和义务改变外国人对中国产品的偏见和对人格的侮辱。”

法国海关工作人员之所以误认为朱江洪是日本人，是因为日本企业的国际化比较早。第二次世界大战后，美国军事占领日本，不久，朝鲜战争爆发，美国和欧洲国家接纳了曾作为“轴心国”的日本。

除此之外，推动日本企业国际化的原因还有日元升值，以及日本本土市场过于狭小。在这样的背景下，日本企业源源不断地实施国际化战略也就由此开始。20 世纪 50 年代后，日本企业经历了“20 世纪 60 年代：出口导向阶段”“20 世纪 70 年代：海外生产阶段”“20 世纪 80 年代：全球化战略初级阶段”“1990—2000 年：全球化发展阶段”“2000 年以后：全球化发展新阶段”五个阶段，按从销售活动到生产活动再到研究开发活动的顺序渐进式发展，各阶段的发展除受国际投资环境等外部因素影响外，还与企业经济和管理水平的发展密切相关。因此，国际化各阶段的目的、选择地区、手段以及投资特点有所不同。①

经过数十年的国际化市场拓展，一批日本知名的国际化企业品牌，如丰田、索尼、东芝、夏普等涌现。相较于日本，韩国企业的国际化要晚一些，但是得到韩国政府强有力的支持，由此产生了一批国际化品牌，如三星、现代、LG 等。这就是 20 世纪 90 年代末期国际市场到处都充斥着日韩品牌的一个重要原因。

---

① 参见马淑萍、亓长东：《日本企业国际化的经验》，《中国经济报告》2006 年第 12 期。

与日韩不同的是，由于历史的原因，直到1978年，中国才实行改革开放。之后，如雨后春笋般的中国企业，尤其是中国民营企业才蹒跚地参加世界竞争。

在空调领域也是如此，中国企业不仅缺乏空调制造的核心技术，品牌知名度更是无从谈起。对于朱江洪来说，培育一个享誉世界的空调品牌，需要投入巨额的研发费用和较长的时间。

鉴于这样的背景，要想短时间内取得突破，贴牌生产是格力电器“走出去”的一条捷径。在当时，格力电器充分利用制造成本低的竞争优势，赢得了松下、大金工业株式会社、惠尔浦、开利、西门子等多家跨国公司的代工订单。

随着出口量的迅速增加，为格力电器成功打入海外市场打下了坚实的基础。当然，贴牌战略的实施，让格力电器获益不少。第一，在较短时间内，有效提升了格力电器的生产工艺和管理水平。第二，格力电器也逐渐熟悉了国际游戏规则。

虽然取得了预期的业绩，但是格力电器高层领导也意识到，实施贴牌战略仅仅是格力电器成长过程中一个无奈的阶段。在朱江洪看来，作为中国企业的格力电器，其最终的目标就是走向世界，而且必须要靠自主品牌。

众所周知，自主品牌不仅是一个企业产品的符号，也是一个国家民族工业的脊梁，更是一个国家民族人文底蕴的载体和再现。例如，美国的通用电气、韩国的三星、日本的索尼等。

在朱江洪看来，中国是家电生产大国，但不是家电强国，一个关键的因素就是没有自主品牌。因此，格力电器在拓展国际市场时，朱江洪就想方设法打造自主品牌。朱江洪表示，格力电器自打做贴牌生产产品那天开始，就逐步在出口中力推自主品牌。目前，“格力”品牌空调已出口全球 160 多个国家和地区。[①]

---

① 参见何清：《格力国际化模式给中国空调行业的启示》，《消费日报》2006 年 10 月 17 日。

第四章

核心技术：关键技术绝不能靠别人施舍

核心技术、质量是中国企业进一步走向世界的关键。中国制造业要参与到强国战略中，意味着一定要把核心技术搞上去。制造业必须是一个健康的细胞，我们的国家才能强大。

——格力电器董事长　董明珠

一、“中国制造业如果不能掌握核心技术，不能自主研发技术，就会变成一个纯粹的加工厂”

在中国家电企业中，格力电器的确是一个较为另类的范本。从最初的年产值不到2000万元发展到2019年的2000多亿元的营业收入，一个关键就是核心技术。

关于这个答案，2011年3月，作为十一届全国人大代表的董明珠在接受《中国经营报》记者采访时说：“格力电器是家电行业唯一坚持到现在只做空调的专业化企业，靠的就是核心技术。”

在当年的两会上，董明珠把“自主创新”写进了自己的议案中。董明珠写道：“中国制造业如果不能掌握核心技术，不能自主研发技术，就会变成一个纯粹的加工厂。对于格力来说，正是因为我们有自己的技术，不依赖别人，使得我们这个品牌得到了提升，而且在金融危机那一年我们的利润税收增长了45%。由此可见，自主创新对中国的发展是至关重要的。”

“在技术研发和自主创新方面多干实事、少说空话、长期作战，耐得住寂寞”

20世纪80年代，在中国空调制造企业中，具有自主产权的企业寥若晨星。当然，中国空调制造企业要实现中国创造，其核心就是创新。一旦缺乏创新，中国空调制造企业也不可能走得太远，因为创新是推动企业高速、稳定、长期增长的驱动器。

在疫情如此严重的时刻，格力电器依旧保持相对合理的发展，其中一个重要的因素就是格力电器坚持创新。早在2007年1月29日，董明珠便在《人民日报》上撰文写道："一个制造企业要真正实现自主创新，一定要弘扬敢于吃亏的'工业精神'，即一方面要在技术研发和自主创新方面多干实事、少说空话、长期作战，耐得住寂寞；另一方面，不仅要关注现实的消费需求，更要关注消费者的根本需求，主动承担社会责任，用企业力量推动社会发展，用实际行动对未来负责。"①

在董明珠看来，格力电器之所以拥有极强的创新动力，是因为它长期坚守的"工业精神"。格力电器财报数据显示，2019年，通过研发人员不断突破、攻坚克难，格力取得了一系列崭新技术成果。经权威机构评定，格力电器新增"高性能直线伺服电机及驱动器""新能源客车用无稀土永磁磁阻主驱电机系统""高效动压气悬浮离心压缩机关键技术及应用""高效磁阻变频涡旋压缩机研发及应用"4项"国际领先"技术，为核心科技再添新秀，至此，格力电器共获得28项

① 董明珠:《做品牌要有"工业精神"》,《人民日报》2007年1月29日。

“国际领先”技术。

在这里，我们就以“双级变频压缩机”来介绍。2012年12月22日，格力电器自主研发的“双级变频压缩机”被包括中国工程院院士王浚、天津大学教授马一太、合肥通用机械研究院副院长田旭东在内的专家组一致鉴定为“国际领先”水平。

鉴定委员会副主任、天津大学教授马一太在“双级变频压缩机的研发及应用”科技成果鉴定会上强调：“格力双级变频压缩技术不仅打破了原来的思维框框，改变了国家的标准，从技术创新到思想创新，引领世界的标准。”

马一太教授补充介绍道：“近年来，格力多次打破国际的技术垄断，从国内领先到国际领先，先后发布了1赫兹变频技术、高效直流变频离心机、双级变频压缩机等一批重量级的自主创新成果。格力让中国空调变成全球制冷业的主旋律，为民族空调品牌走向世界作出了卓越贡献。”

在马一太教授看来，格力电器的创新文化孕育出了“双级变频压缩机”这样的最新技术成果。时任格力电器副总裁黄辉介绍，格力双级变频压缩机技术聚集了格力在变频空调研发领域的最新技术成果，拥有100%的自主知识产权，该技术可让空调在-30℃—54℃的超宽温度环境下实现正常制热与制冷工作，大大拓宽了空调的使用范围，开辟了全新的市场领域，而且冬季制热量提升40%以上，夏季制冷量提升35%以上。仅凭此项技术，就为格力新增了发明专利19项，国际专利 2 项。[①]

当格力电器获得专家的青睐时，在“双级变频压缩机的研发及应用”科技成果鉴定会上，董明珠是这样诠释格力电器创新精神与文化的：“格力电器的文化就是两个字——创新。不仅仅是技术的创新，还包括管理的创新、人才培养的创新……每一家成功的企业都有其独有的特质。在格力内部，创新就是永恒不变的那一点。”

为了更好地创新，格力电器设置了 15 个研究院，分别是：制冷技术研究院、机电技术研究院、家电技术研究院、新能源环境技术研究院、健康技术研究院、通信技术研究院、智能装备技术研究院、机器人研究院、数控机床研究院、物联网研究院、装备动力技术研究院、电机系统技术研究院、洗涤技术研究院、冷冻冷藏技术研究院、建筑环境与节能研究院。共有 96 个研究所、929 个实验室、1 个院士工作站（电机与控制），拥有国家重点实验室、国家工程技术研究中心、国家级工业设计中心、国家认定企业技术中心、机器人工程技术研发中心各 1 个，同时成为国家通报咨询中心研究评议基地。[②]

① 参见邹锡兰：《全球首台双级变频空调问世，开创空调行业双级变频时代——格力“双核”空调来了》，《中国经济周刊》2013 年第 1 期。

② 参见格力电器官网：“格力电器企业简介”。

“中国的企业如果不搞核心技术、不搞科技创新，只有死路一条。格力电器追求核心技术这条路没走错，而且今后还会更加踏踏实实地走下去”

在中国企业中，格力电器在研发上的投入还是相当大的。2018年财报数据显示，格力电器2018年实现营业总收入2000.24亿元，同比增长33.33%；实现归母净利润262.03亿元，同比增长16.97%。财报还展示了格力电器2018年的销售费用、管理费用、财务费用、研发费用，详情见表4–1。

表4–1　格力电器2018年的销售费用、管理费用、财务费用、研发费用

	2018年	2017年	同比增减	重大变动说明
销售费用	18899578046.25	16660268494.07	13.44%	
管理费用	4365850083.19	2454003340.08	77.91%	主要是职工薪酬、物耗、折旧及摊销增加所致
财务费用	–948201396.74	431279988.49	–319.86%	主要是汇兑收益增加所致
研发费用	6988368285.92	3617601371.21	93.18%	主要是职工薪酬、物耗、折旧及摊销增加所致

格力电器提出，在研发经费方面，坚持“按需投入，不设上限”，仅2018年研发投入就达到72.68亿元，同比增长26.04%，研发投入占营业收入比例为3.67%，见表4–2。

表 4–2 格力电器 2017—2018 年研发投入情况

	2018 年	2017 年	变动比例
研发人员数量（人）	11808	9155	28.98%
研发人员数量占比	13.30%	10.74%	2.56%
研发投入金额（元）	7268369454.61	5766929825.64	26.04%
研发投入占营业收入比例	3.67%	3.89%	–0.22%

当然，格力电器的巨额投入也得到了回报。经过长期沉淀积累，格力电器目前申请国内专利 68526 项，其中发明专利 33960 项；累计授权专利 38020 项，其中发明专利 8273 项，申请国际专利 2157 项。在 2019 年国家知识产权局排行榜中，格力电器排名全国第六，家电行业第一。现拥有 28 项“国际领先”技术，获得国家科技进步奖 2 项、国家技术发明奖 2 项、中国专利奖金奖 4 项。据日经社统计发布，2018 年，格力家用空调全球市场占有率达 20.6%。[①]

对于今日格力电器取得的成就，朱江洪在接受媒体采访时解释说道：“即使我们投入这么多，格力电器的利润在业内还是领先的，我们确实投得对、投得值。”

与很多中国企业一样，格力电器曾经在研发上并不像今天这么阔绰。朱江洪说道：“开始我们也舍不得拿这么多钱来搞科研，因为你拿了科研的钱就等于减少了你的利润。从日本引进技术受阻，这个事情刺痛了我的心。”

① 参见格力电器官网：“格力电器企业简介”。

据朱江洪介绍，之所以愿意投入巨额的研发费用，是因为自己的一段经历。2001 年 11 月，朱江洪怀揣 3 个多亿，带了 5 位工程师和部门负责人，兴致勃勃地到日本购买多联机空调技术。然而，还没等他讲完意图，日方就直接拒绝了。

此件事情让朱江洪很受伤，他说道："一下子我感到非常心痛，再怎么说，我也是中国一个大企业的董事长吧，他们要拒绝也不能这么直接吧。"

在朱江洪看来，一个企业必须有自己的核心技术才能让人尊重。朱江洪直言："中国的企业如果不搞核心技术，不搞科技创新，只有死路一条。格力电器追求核心技术这条路没走错，而且今后还会更加踏踏实实地走下去……买顶级手表，大家会想到瑞士手表，买顶级空调，我们要让大家想到格力。"

从日本回来后的朱江洪，坚持打造具有自主产权的核心技术，就成了格力电器的宗旨之一。2018 年财报显示，格力电器完成专利申请 13683 项，其中发明专利申请 7462 项，发明专利授权量达到 1834 项，全国排名第六，连续 3 年成为中国发明专利申请量、发明专利授权量双进前十的唯一家电企业。格力电器拥有 24 项"国际领先"核心技术，其中 2018 年新增 5 项，同时获得德国 IF 奖 8 项、德国红点奖 15 项、美国 IDEA 奖 2 项、中国外观专利银奖 1 项、中国设计红星奖 12 项、第九届省长杯设计奖 8 项、广交会 CF 奖 4 项。

事实证明，对于任何一家企业而言，创新都是支撑其可持续发展的永恒驱动力。要想真正把创新作为保证企业发展的动力，就必须将创新意识彻底地贯彻到企业文化中，同时渗透到流程管理的全过程。

在 2009 年两会期间，董明珠表示，自主创新是格力电器成功的基因。对此，董明珠说：“在格力，永恒的核心就是技术创新，创新是不能变的。”

二、“核心技术不能总是靠‘购买’，更不能等待别人的施舍，格力不仅要在销售量和销售额上领先于对手，更要在技术研发上领先于对手”

对于任何一家企业而言，只有拥有自主的核心技术，企业才能在竞争中赢得主动。对此，朱江洪曾多次说道：“核心技术不能总是靠‘购买’，更不能等待别人的施舍，格力不仅要在销售量和销售额上领先于对手，更要在技术研发上领先于对手。”

在中央空调核心技术的研发上，格力电器可谓不惜重金，每年仅用于技术研发的费用就超过销售额的3%。究其原因，是朱江洪始终坚信，只有真正掌握核心科技，格力电器才能真正掌握企业命运，实现自主发展，引领行业发展，同时以研发平台为基础，搭建起“企业为主体、市场为导向、产学研相结合”的技术创新体系，打破一直由美国和日本两国垄断的大部分核心技术。

2018年财报显示，格力电器拥有4个国家级研发中心、14个研究院、900多个实验室，近1.2万名研发人员，并已建立“电机与控制”和“建筑节能”两个院士工作站，获批建立博士后科研工作站和广东省博士工作站。

正是因为重视核心技术的研发，格力电器才有了今天的业绩；正是因为重视核心技术的研发，格力电器才拥有了领先世界的核心技术；正是因为重视核心技术的研发，格力电器才独占鳌头，引领世界空调市场。

“格力要长期持续发展，必须要掌握核心技术，也就是芯片技术。哪怕花500亿（元），格力也要把芯片研究成功”

创新对于任何一家企业来说都是其生存与发展的根本。究其原因，是创新则兴，不创新则亡。在格力电器，创新就印证了这个企业管理理论。在董明珠看来，“创新不是口号，而是要脚踏实地，实干出成效”。

正因如此，格力电器才引领中国空调业走向世界，以格力电器为代表的企业已经挺起中国制造业的创新脊梁。

2018年6月，面对中兴被“休克”一事，董明珠在接受媒体采访时说道：“格力要长期持续发展，必须要掌握核心技术，也就是芯片技术。哪怕花500亿（元），格力也要把芯片研究成功。”

当格力电器涉足芯片后，引发了一些学者的批评。2018年8月，在世界科技创新论坛上，针对格力要投入500亿元造芯片这一事件，前瑞银投行亚洲区主席、现任汉德工业促进资本主席的蔡洪平直言董明珠“根本不懂芯片是什么”。

蔡洪平说道：“像前两三个月看到很荒唐的做白色家电的女企业家说我要花 500 亿（元）做芯片，后来说是董明珠，她真的不懂科学，这是一个漫长的科学，多方的合作和全球化的合作，我觉得这个东西没有很好的教育和引导。”

与蔡洪平看法不同的是，中国工程院院士倪光南却支持董明珠的行动。倪光南说道：“当然是希望他们能投入，但是对于这些公司，这些大的公司，如他演讲中所说，芯片制造投资是很大的，生产线要几百亿，可能对他们（指格力）来说也是很大的投入，另外回报周期也很长，所以他希望他们投入。”

一年后，格力电器的芯片计划有了新的进展。2019 年 6 月，董明珠在接受安徽卫视《品格》栏目采访时提及，格力电器投入 20 亿元研发芯片。当记者问及董明珠芯片研发的投资上对错的标准是什么，董明珠回答道：“只要满足你自身对产品的需要，那就是对的。”

至于涉足芯片研发的成本，董明珠坦言：“成本当然要计算，但我觉得我的成本是能够控制的。如果 20 亿没有了，我觉得也是值得的。培养了一个队伍出来，为未来作准备。”

董明珠认为，在研发投入时，格力电器考虑更多的是符合格力电器未来的战略。《格力电器股份有限公司 2019 年年度报告》显示了格力电器在销售费用、管理费用、财务费用、研发费用这四大块的支出，见表 4–3。

表 4–3　格力电器 2019 年费用支出

单位：元

	2019 年	2018 年	同比增减	重大变动说明
销售费用	18309812188.35	18899578046.25	–3.12%	
管理费用	3795645600.08	4365850083.19	–13.06%	
财务费用	–2426643429.91	–948201396.74	155.92%	主要是利息收入及汇兑收益增加所致
研发费用	5891219715.90	6988368285.92	–15.70%	

如表 4–3 所示，其中研发费用高达 5891219715.90 元，见表 4–4。[①]

表 4–4　格力电器 2019 年研发费用

单位：元

项目	本期发生额	上期发生额
研发费用	5891219715.90	6988368285.92
合计	5891219715.90	6988368285.92

财报显示，2019 年度，研发费用主要为人员人工费用及直接投入费用，占研发费用总额比例超过 80%，见表 4–5。

① 格力电器：《珠海格力电器股份有限公司 2019 年年度报告》，2020 年 4 月 30 日。

表 4–5　格力电器 2019 年研发投入情况

	2019 年	2018 年	变动比例
研发人员数量（人）	14251	11808	20.69%
研发人员数量占比	16.04%	13.30%	2.74%
研发投入金额（元）	6011210604.21	7268369454.61	–17.30%
研发投入占营业收入比例	3.03%	3.67%	–0.64%
研发投入资本化的金额（元）	119990888.31	280001168.69	–57.15%
资本化研发投入占研发投入的比例	2.00%	3.85%	–1.85%

“格力电器在研发方面按需投入，不设上限。我们经常说一个企业的研发投入占到了总量百分之几，就说明这个企业很好，如果没达到，就说这个企业不行”

在格力电器，关于如何进行研发投入，保持企业的创新活力，董明珠有着自己的看法。2019 年 10 月底，董明珠在接受《中国经营报》采访时说道：“格力电器在研发方面按需投入，不设上限。我们经常说一个企业的研发投入占到了总量百分之几，就说明这个企业很好，如果没达到，就说这个企业不行。不同人站在不同的角度，对研发的理解也不一样。但我认为，关键在于研发的技术是否落地，能否转为生产力，以及能否为行业、社会作出贡献，这些才是有价值的考量。”①

董明珠补充说道：“我们虽然没有院士，但是我们在空调

① 郑炳巽、童海华：《董明珠：格力电器在研发方面“按需投入、不设上限”》，《中国经营报》2019 年 10 月 26 日。

领域掌握的技术领先世界，因此格力的研发人员应当享有相应的奖励和荣誉。格力培养自己的院士，让他们享受国家院士的待遇。”

格力不断加大在研发方面的投入，在发明专利方面取得一系列突破。2018 年年度报告显示，截至 2018 年底，公司累计申请专利 49013 项，其中发明专利 22715 项，2018 年共完成专利申请 13683 项，其中发明专利申请 7462 项，发明专利授权量达到 1834 项，全国排名第六，连续 3 年成为中国发明专利申请量、发明专利授权量双进前十的唯一家电企业。公司目前拥有 24 项“国际领先”核心技术，其中，2018 年新增 5 项，分别为“基于 G-PLC 无通讯线缆的多联机系统”“空调光储直流化关键技术研究及应用”“全工况自适应高效螺杆压缩机关键技术研究”“地铁车站用高效直接制冷式空调机组”“工业机器人用高性能伺服电机及驱动器”。公司累计获得国家级奖励、省级奖励、行业奖励共 26 项，2018 年获得奖励 9 项，包括省部级一等奖 4 项，其中“双级压缩变容积比空气源热泵技术及应用”获得“广东省科学技术发明一等奖”，“基于核电站极端条件的风冷螺杆式冷水机组”获得“中国机械工业联合会科学技术进步一等奖”，“高效直驱永磁变频离心式冷水机组关键技术研究及应用”获得“中国节能协会节能减排科技进步一等奖”，珠海格力电器股份有限公司获得“中国节能协会节能减排企业贡献一等奖”。[①]

据了解，2019 年 10 月，格力拥有 1.4 万名研发人员，已建成 15 个研究院，拥有 94 个研究所、929 个实验室、2 个院士工作站，拥有国家重点实验室、国家工程技术研究中心、国家级工业设计中心、国家认定企业技术中心、机器人工程技术研发中心各 1 个。

截至 2019 年 9 月 20 日，格力电器累计申请专利 57205 项，其中发明专利 27381 项。在“2018 年我国发明专利授权量排名前 10 企业（不含港澳台）”榜单上，格力电器以 1834 件位居第 6 位。

之所以能够拥有如此多的专利，是因为格力电器的研发投入。查阅资料发现，中国上市公司整体在研发投入上的确有所不足。2019 年 5 月，“中商产业研究院大数据库”整理的“2018 年上市公司研发费用 100 强排行榜”数据显示，2018 年，中国上市企业整体表现良好，但是研发费用整体不足，即使是 2018 年上市企业研发费用金额排名第一的中国石油，其研发费用支出为 210.45 亿元；上汽集团排名第二，研发费用为 159.22 亿元；中国建筑排名第三，研发费用为 159.11 亿元。

在这份榜单上，研发费用超过 200 亿元的企业仅 1 家，超过 100 亿元的有 8 家，见表 4–6。

---

①　参见《珠海格力电器股份有限公司 2018 年年度报告》，2019 年 4 月 29 日。

表 4–6 “2018 年上市公司研发费用 100 强排行榜”前十名

排名	公司	研发费用总额（亿元）	所属行业
1	中国石油	210.45	石油和天然气开采业
2	上汽集团	159.22	汽车制造业
3	中国建筑	159.11	土木工程建筑业
4	中国中铁	134.66	土木工程建筑业
5	中国铁建	115.72	土木工程建筑业
6	中国中车	111.79	铁路、船舶、航空航天和其他运输设备制造业
7	中兴通讯	109.06	计算机、通信和其他设备制造业
8	中国交建	101.76	土木工程建筑业
9	美的集团	98.11	电器机械和器材制造业
10	中国电建	92.62	土木工程建筑业

表 4–6 所示，2018 年上市公司研发费用金额排名前十的企业依次为中国石油、上汽集团、中国建筑、中国中铁、中国铁建、中国中车、中兴通讯、中国交建、美的集团、中国电建，上述十家企业合计研发费用金额达 1292.5 亿元。

与《2018 年欧盟工业研发投资排名》的前十位相比，中国上市公司研发费用明显不足。2018 年 12 月，欧盟委员会（EU）发布《2018 年欧盟工业研发投资排名》（*The 2018 EU Industrial R&D Investment Scoreboard*），对全球 46 个国家和地区的 2500 家主要企业 2017 会计年度研发投入进行了调查。在上榜的 2500 家公司中，美国公司为 778 家，欧盟为 577 家，中国为 438 家公司，日本为 339 家。

在这份榜单中，排在榜首的三星公司，研发经费投入高达 134.37 亿欧元，占营业额比重为 7.2%，谷歌母公司 Alphabet（字母表公司）以 133.88 亿欧元研发投资额排名第二，紧随其后的分别是德国大众（131.35 亿欧元）、美国微软（122.79 亿欧元）和中国华为（113.34 亿欧元，约合人民币 891.17 亿元）。华为的研发投入名列中国企业之首，在全球名列第五位，见图 4-1。

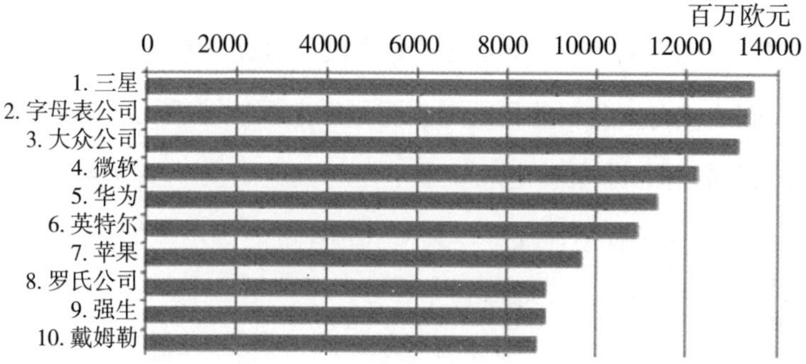

图 4-1　2018 年欧盟工业研发投资前十名

根据欧盟委员会的信息，就排名涨幅而言，华为在 2004 年到 2018 年的 14 年间，排名跃升超过 200 位。

对比上述两份数据不难看出，中国企业经营者都知道创新对企业发展的巨大作用，但是在实际研发和投入中，却往往投入不足。对此，董明珠在多个场合坦言："格力的研发投入没有限制，只要觉得需要就会投，上不封顶。"

在董明珠看来，格力电器的核心竞争力源于格力电器每年巨额的研发投入，由此保证了格力电器在核心技术方面的领先。例如，2005 年，格力电器就研发了中国首台离心式冷水机组；时隔两个月，格力电器下线了世界第一台超低温数码多联机组；2007 年，“基于正弦波驱动的全变频空调控制理论和方法研究”通过广东省科技厅组织的科技成果鉴定会；2008 年，格力的 15 赫兹变频调速技术成果入选了国家火炬计划，成为国内唯一掌握该核心技术的企业。[①]

2009 年 2 月 18 日，格力电器与日本空调公司大金工业株式会社正式签订成立合资公司的协议。对此，董明珠介绍说：“我们成立合资公司的目的是共同研发空调压缩机 10 赫兹甚至更低的转速，来填补全球技术空白。真正的变频至少要 15 赫兹或以下，这样就能保证空调在低转速的时候不停机，节能的效果才能达到 40%、50% 以上。”

---

① 参见吴金勇：《董明珠：从营销铁娘子到技术狂人》，《商务周刊》2009 年第 6 期。

三、“格力的关键核心技术掌握在自己手中，如果核心技术都掌握在别人手中，别人一旦卡我们的脖子，我们可能就没办法生存下去”

2019 年 12 月 28 日，在格力电器举行的 2019 让世界爱上中国造高峰论坛上，董明珠讲道：“为什么要讲 30 度，是因为格力依然有热情。格力的关键核心技术掌握在自己手中。如果核心技术都掌握在别人手中，别人一旦卡我们的脖子，我们可能就没办法生存下去。”

董明珠解释称，格力电器一直坚守“自主”两个字。“对空调行业来说，我可以自豪地说，全世界最好的空调就在中国，就是格力，我们要用 30 度表达我们的热情洋溢。”

“要想打破国外的技术垄断，我们必须在研发领域做出突破和创新，并且掌握一批核心技术。一个企业、一个国家要有敢为人先的傲骨和勇气”

在格力电器的产品战略中，非常注重自主创新，始终将自主创新作为格力电器发展的必由之路。因为董明珠非常清楚，关键技术是买不到的，而且竞争对手也不会卖的。她甚至把核心技术比喻为脊梁。董明珠说道：“一个没有脊梁的人永远站不起来，一个没有核心技术的企业永远没有脊梁。”

董明珠之所以把核心技术看得如此重，还得从 20 多年前谈起。格力电器与中国其他空调企业一样，尽管具备巨大的产能，却处于全球产业链的低端位置。

据董明珠回忆说：“我们也想过，别人都是用合资，或者是引进技术来实现自己企业的产值的变化，或者是企业的扩大，我们当时也是带着一个简单的想法，去买国外的技术。”

然而，令以朱江洪为核心的管理层没有想到的是，寻求技术合作居然是一条死路。以朱江洪为核心的管理层如此简单的设想竟然被一个更简单的事实打破，即拥有世界上最先进技术的企业是不可能卖给中国企业的。

面对日本企业的这种技术封锁，以朱江洪为核心的管理层不得不选择另外一条路——自主研发，攻坚空调核心技术。正如董明珠所言：“要想打破国外的技术垄断，我们必须在研发领域做出突破和创新，并且掌握一批核心技术。一个企业、一个国家要有敢为人先的傲骨和勇气。”

随着战略调整，格力电器加速了产品的研发和创新。在格力电器的产品体系中，通过技术创新来不断推出新技术、新产品。例如，格力电器独创的 1 赫兹变频技术，压缩机最低功率仅为 15 瓦，该项技术的运用使得格力空调非常节能；格力独创的无缝蒸发器以及新的大运动导风结构，该项技术的运用，使得格力空调在降低噪声方面做到极致，噪声降到最低 18 分贝，跟 10 米外 1 根针从 10 厘米处落地一般轻微；格力电器独创的导风板和扫风叶片设计，该项技术的运用使得格力空调的扫风角度最高比传统空调高 3 倍，风量增加 10%—30%；格力电器独创的无稀土技术，使得格力电器摆脱了对稀土的依赖；格力电器独创的 R290 环保冷媒，使得格力空调的能效更高，而且获得德国、马尔代夫等国的高度赞许……[①]

从格力电器研发的一系列产品不难看出，在如今的企业竞争中，企业的竞争实质就是专利技术的竞争。时任中国专利保护协会秘书长的胡佐超认为，专利申请是市场竞争的要求和结果。对于企业来说，专利并不一定非要是发明创造，只要有市场和商业价值，就是有用的专利。

在 2007 年创新型企业试点工作会议上，时任科学技术部部长的徐冠华坦言："当今时代，全球科技创新成果不断涌现，科技竞争日益激烈，科技进步与创新已成为影响和推动世界经济、政治格局的主导性力量。在此过程中，创新能力强的跨国公司成为全球经济和科技活动的主角之一。"

徐冠华举例说，据统计，全球跨国公司的总数已超过 6 万个，产值约占全球总产值的 1/4，贸易额占国际贸易额的 60%，技术贸易占 60%—70%，专利和技术许可费占 98%。

徐冠华认为，当今世界经济强国，其竞争力主要体现在

---

① 参见申明：《格力电器：挺起中国制造的创新脊梁》，《科技日报》2013 年 3 月 8 日。

掌握核心竞争力的跨国公司身上，如美国的通用、微软、英特尔，德国的大众、西门子、博世，日本的丰田、索尼、松下，韩国的现代、三星、LG。特别是作为后发国家的日本、韩国，在战后不到30年的时间里就步入世界经济强国和创新型国家的行列，正是得益于一批创新型企业群体的骨干和引领作用。

对此，天津大学马一太教授在接受媒体采访时高度评价了格力电器重视研发的做法："近年来，格力多次打破国际的技术垄断，从国内领先到国际领先，先后发布了双级变频压缩技术、1赫兹变频技术、高效直流变频离心机等一批重量级的自主创新成果。""格力让中国空调变成全球制冷业的主旋律，为民族空调品牌走向世界作出了卓越贡献。"

在中国企业中，除了格力电器，华为也同样注重研发。华为2019年财报显示，华为是全球最大的专利持有企业之一，截至2019年底，在全球共持有有效授权专利8.5万多件（见图4–2所示），90%以上专利为发明专利。财报还称，2019年，从事研究与开发的人员约9.6万名，约占公司总人数的49%。研发费用支出为人民币约1317亿元，约占全年收入的15.3%。

凭借日益增强的创新能力，格力电器、华为等企业赢得了国内市场的较大份额，而且已经跻身国际市场。不过，徐冠华告诫中国企业："我们也认识到，我国目前真正具有国际竞争力的创新型企业还很少，这与一个经济总量占世界第四位的

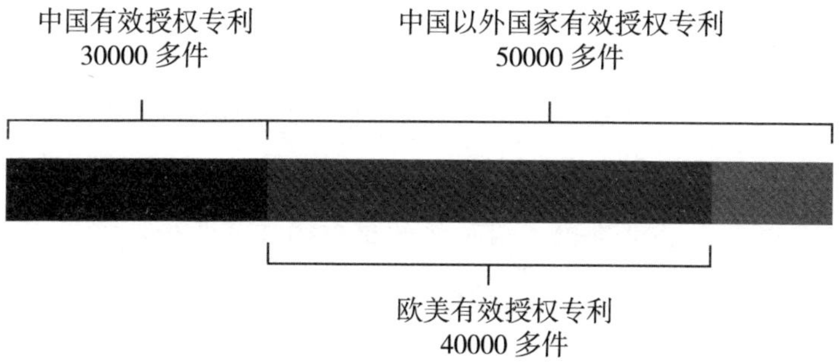

图 4-2 2019 年华为专利数量

大国地位是不相称的。”

“没有自己的核心技术，还算什么专业化的大型空调企业？靠天靠地不如靠自己”

众所周知，中国是世界公认的“制造大国”，但不是“制造强国”。其中，自主创新能力的缺失已经成为中国制造业生产企业的“心病”，也是中国企业打破国外技术垄断的最大绊脚石。

据朱江洪介绍说，中国企业自主创新能力的缺失，至少存在以下三方面的原因：第一，内外资企业享受不同的政策待遇，使得国内部分企业家急功近利，追逐优惠政策，而不愿潜心钻研经营和技术进步；第二，国家的相关出口政策没有对自主品牌和贴牌产品的出口实施差异待遇，导致自主品牌市场竞争力下降；第三，一部分企业家耐不住制造业的艰辛，经受不住其他行业的诱惑，半途而废。[①]

时任中国专利保护协会秘书长的胡佐超认为，从技术研发角度来看，国家需要强调原创性的发明创造，这是促进科学发展的。但是企业的专利是技术的开发，也就是科学技术的产业化，对于企业来说，最重要的是市场和商业价值，不管是什么样的专利，是不是自身的发明创造，只要有市场价值就可以。[②]

在西方发达国家，对知识产权的保护是非常重视的，主要源于西方某些国家为了保持其技术的领先性，同时限制后来进入者参与而制定的一种“规则”。当然，这种“规则”受到西方国家机器和法律机器的保护及制约，而欧美一些跨国公司正是利用这种商业策略打击竞争者，同时又能拥有一种非常稳定的商业收入来源。

对此，胡佐超在接受媒体采访时说：“中国企业和国外企业在专利方面的主要差距就是对于专利的意识——部分中国企业要么没有意识，要么意识不正确。有些中国企业不知道为什么要申请专利，少数企业甚至以为专利是标榜自己有水平。实际上，国外企业非常明确，专利之战就是追求市场效益。”

在核心技术的研发中，所谓的核心专利也是如此。从科学技术本身来看，核心专利可以是科学难题，但是从市场角度

---

① 参见徐明天:《谁说制造业不赚钱？》,《企业管理》2010 年第 8 期。

② 参见沈娟:《专利是市场之战》,《第一财经日报》2007 年 1 月 19 日。

来看，核心专利应该是该专利形成的产品在市场上受欢迎的，对企业来说有价值的。[①]

在格力电器的发展中，朱江洪非常清楚，没有核心技术，是不可能超越对手的。朱江洪坦言："没有自己的核心技术，还算什么专业化的大型空调企业？靠天靠地不如靠自己。"

时任中国科学技术部部长的徐冠华在公开场合表明："经验告诉我们，战略技术、核心技术是引进不来的，只能下决心自主创新。"

徐冠华指出："我们引进的目的是消化吸收和在更高层次上自主创新、实现跨越。原始创新不足的原因是多方面的，其中指导思想上一个值得注意的问题是，在产业技术和高技术发展中，我们主要立足于跟踪当前的国际水平，习惯于做外国人已经做过的工作。今天，面对经济全球化的挑战，我们必须调整这种以跟踪和模仿为主的发展思路。"

为了研发数码多联式中央空调的核心技术，格力电器不仅拿出巨额的研发费用，也激发了工程师的创新热情，近 20 名位格力电器工程师以实验室为家，24 小时不间断地实验，收集第一手数据，并在实验中运用新的智能控制、数字控制等技术，解决能力计算、制冷剂精确分配、回油等数码多联机的技术难题。

① 参见沈娟：《专利是市场之战》，《第一财经日报》2007 年 1 月 19 日。

功夫不负有心人，在 2002 年底，格力电器顺利研发了中国第一台数码多联式中央空调。当然，这台多联式中央空调的下线，同时宣告作为中国企业的格力电器已经打破了日本企业对多联式中央空调核心技术的垄断。

第五章

质量标准：如修炼生命一样修炼质量

我们向自己提出严格挑战，而且我们进行自我革命。我们对整个社会成本的节约，对消费者成本的降低，我们都作出了贡献。但中国高质量发展需要自励，需要监督，一个人愿意被别人监督他就有希望，一个人不愿意被别人监督就说明自己证明自己有问题。

——格力电器董事长　董明珠

一、“不拿消费者当试验品，就是要把空调产品的服务强化在售前售中，实施零缺陷工程”

在格力电器，“绝不拿消费者当实验品”这个思想已深入格力电器人的骨髓。不管在研发还是在销售，以及其他流程中，格力电器人反反复复地实践这一“真理”。

对此，董明珠在接受《英才》杂志采访时说道：“‘好空调，格力造’是格力对消费者广而告之的承诺，格力对消费者的诚信，就是依靠优质的产品和真切的服务，给消费者看得见的利益。‘不拿消费者当试验品’，就是要把空调产品的服务强化在售前售中，实施零缺陷工程，把问题消灭在‘可能性’中，实现从事后补救向事先预防的服务目标转变。”

“如果把不合格的产品推出市场，拿消费者做试验，那么最后就是把自己的饭碗打掉”

在公开场合，朱江洪多次强调，谁拿消费者当实验品，谁就被消费者摈弃。朱江洪是这样解释这个问题的：“这些年来，格力之所以在市场上能够发展壮大，就是花费大量的人力物力，集中经费搞科研开发，如果把不合格的产品推出市场，拿消费者做试验，那么最后就是把自己的饭碗打掉。因此，格力空调十分注重产品的可靠性。”

回顾格力电器的研发进程，从1995年起，格力电器投入了一批资金，设立一个可靠性实验室，这个实验室针对全国不同地区气候、电力等特点，对空调压缩机等进行科研攻关。在噪声方面，格力空调把超低音压缩机作为标准，把噪声定在40分贝以下，远远低于国家标准。按照国家标准，空调使用的电压在220伏，在正负20伏之间波动，通过实验室的科研攻关，格力电器把电压降至了100多伏。与此同时，格力电器还通过了严格的高低温的反复试验。

正是这些试验，让格力电器拓展了不少市场份额。例如，消费者在选择空调时，空调噪声低，就是首选空调的条件。在许多偏远地方，由于电压低，无法使用其他空调产品。在新疆、青海等高温、寒冷的地区，消费者毅然购买了格力空调。

朱江洪举例称，2004年夏天，新疆吐鲁番盆地天气炎热，当地居民购买的空调在一天之中，有大部分时间不能转动，由于格力空调的耐高温的标准定在了48℃以上，所以格力空调在新疆等地销售非常火爆。

事实证明，“不拿消费者做试验”是格力电器取得快速发展并赢得市场的一个重要战略。朱江洪回忆说：“格力电器原来只是一家名不见经传的装配小厂，在1987年筹建，1988年开始生产空调，当时生产出来的空调有很大的质量问题。记得有一次，工厂生产出了30多台窗式空调，用农夫车送到客户家里，安装后起动不了，一检查空调内管线，全部断掉。原来这些空调在运输过程中，农夫车一抖动，里面全部散了架。此外，客户普遍反映空调噪声特别大，晚上开着空调，就好像飞机在头顶不断地来回飞翔。焊接、噪声、注塑等成为格力一大致命的质量问题。”

面对质量问题，朱江洪几经努力，终于解决了问题。朱江洪在接受媒体采访时介绍道：

当时请了一名技术人员讲课，工厂所有人员下班后，都要集中在一起，学习空调制造的总体原理，零配件生产，应注意的事项，等等。工人们还在车间操作学习，很快就培训了大批生产骨干。

当时两间工厂合并以后，只有一条旧的空调生产线，这条生产线年产2万台空调。当时格力把这条生产线进行改造，几百名工人实行三班倒，那段时间，工厂里白天赶工，晚上加班，在1991年春节、五一等节日里，工人们都自愿地回到工厂加班。

在20世纪90年代，当时空调市场供不应求，刚好给了格力空调一个起步的机会。格力电器一边赶数量，一边抓质量。当时格力电器很快开发了分体空调，但是分体空调最大的难点就是注塑模型。当时，我去了一次香港，跑遍了所有商场，结果找到了一套进口模具，立即用 7000 多港元购买了回来。大家干劲很足，立即加班加点，画图，设计改造，开发出一套流线型的模具。在此基础上，开发出了几十套款式新的模具，为格力电器涉足分体空调打下了基础。

在朱江洪看来，“不拿消费者做试验”，做好产品质量就是格力电器不断壮大，在市场上傲视群雄的根本。

的确，在格力电器的经营战略中，不仅注重产品质量，还坚持“绝不拿消费者做试验”的生产和销售思想。因为对于任何一家企业来讲，销售已经形成了一种完善的销售渠道，接下来就看企业的产品有没有竞争力，即使经销商跟某个厂家再铁、再哥们儿、再好，最终还得产品说了算。企业的产品消费者很喜欢，争着买这样才行。所以，企业好不好最终体现在产品上，产品体现在技术和质量上。只有绝对不拿消费者做试验，才能赢得顾客的认可。

“格力就是要以最先进的科技、最卓越的产品回馈消费者，让消费者畅享科技进步带来的实惠”

自 2014 年 5 月中共中央总书记、国家主席、中央军委主席习近平在河南考察时首次提及“新常态”重要论断以来，中国经济已经步入“新常态”时代。新常态主要涵盖以下三个特点：第一，速度——从高速增长转为中高速增长；第二，结构——经济结构不断优化升级；第三，动力——从要素驱动、投资驱动转向创新驱动。

在“新常态”下，董明珠坦言：我们“坚持制造精品，保障消费者利益，绝不拿消费者做实验”。

格力电器的坚持，当年也因此获得相关回报。格力电器 2015 年财报显示，格力电器营业收入达到 977.45 亿元，净利润 125.32 亿元，见表 5–1。

据了解，2015 年，在家电行业整体增速下滑的大环境下，格力电器着力转型，主导产品升级，提升内部管理，严控实抓费用、成本，并受益于原材料价格相对稳定，盈利能力进一步得到提升，净利润率由 2014 年的 10.18% 提升到 12.55%，较 2014 年提升了 2.37 个百分点，盈利能力多年来列行业前茅；挺进全球 500 强企业阵营，位居“福布斯全球 2000 强”第 385 名，排名家用电器类全球首位。

格力电器能够保持稳健的态势，源于绝不拿消费者做实验。据董明珠介绍，在格力电器，质量是企业的生命，一旦出现差错，必须“格杀勿论”。因此，从产品设计到采购、生产、包装、运输、安装以及服务等全过程，格力电器都实行严格的质量控制管理。例如，在设计开发的这个过程中，格力电器要求经过“五方提出、三层论证、四道评审”，绝不拿消费者做试验品。

表 5-1　格力电器 2015 年主要会计数据和财务指标

项目	2015 年	2014 年	本年比上年增减	2013 年
营业收入（元）	97745137194.16	137750358395.70	−29.04%	118627948208.59
归属于上市公司股东的净利润（元）	12532442817.66	14155167229.36	−11.46%	10870068311.47
归属于上市公司股东的扣除非经常性损益的净利润（元）	12313582570.49	14144950462.04	−12.95%	8907238576.98
经营活动产生的现金流量净额（元）	44378381827.68	18939165507.73	134.32%	12969837129.83
基本每股收益（元 / 股）	2.08	2.35	−11.49%	1.81
稀释每股收益（元 / 股）	2.08	2.35	−11.49%	1.81
加权平均净资产收益率	27.31%	35.23%	−7.92%	35.77%
项目	**2015 年末**	**2014 年末**	**本年末比上年末增减**	**2013 年末**
总资产（元）	161698016315.06	156230948479.88	3.50%	133719278987.40
归属于上市公司股东的净资产（元）	47521376091.77	44152654824.68	7.63%	34489886750.23

对于每一种新产品，格力电器必须经过上百种验证和各种模拟真实恶劣环境的长期试验。为了把好质量关，控制零部件的产品质量，真正贯彻“绝不拿消费者做实验”，格力电器还建立了行业独一无二的筛选分厂，其作用是对外协外购零部件进行“精挑细选”。即进厂的每一个零配件，都需要经过各种检测，合格后方能上生产线，连最小的电容都必须经受严格的测试。经过这样的流程后，格力空调的可靠性、稳定性大大提高，大幅度降低了维修率。[①]

此外，格力电器还对生产工序和工艺操作进行合理配置和规范要求，严格执行产品工艺质量；利用科学的信息化系统掌控产品质量动态；出台“总裁禁令”“八严方针”，狠抓质量工作；等等。[②]

的确，质量是企业赢得消费者的关键。格力电器为了执行严格的质量管理，成立了“质量监督队”，专门负责监督检查在各环节中的质量问题和违反禁令的管理人员，一旦发现问题，立即掏红牌，将问题及时解决。

① 参见陈治家：《格力：不拿消费者做实验》，《广州日报》2012 年 10 月 1 日。

② 参见陈治家：《格力：不拿消费者做实验》，《广州日报》2012 年 10 月 1 日。

二、格力电器的质量标准在全面超越国家质量标准的基础上，彻底坚持以消费者和市场需求为导向的企业标准

众所周知，技术和质量是支撑格力电器这个金字招牌的“桶底”，没有高品质的产品就不可能拥有高端的市场份额，也就不可能树立起一流的世界品牌。

为了坚持“绝不拿消费者做试验品”的战略方针，格力电器的质量标准在全面超越国家质量标准的基础上，彻底坚持以消费者和市场需求为导向的企业标准。例如，在低温制热上，国际标准是 -7℃，但格力电器的标准是 -30℃，大大超过了国际标准要求。[①] 正是由于这种坚持，格力电器赢得了消费者的认可。

“从长远看，无论在哪个市场上，唯一经久的价值标准是质量本身”

对于任何一家企业而言，质量都是其生存和发展的根本。因为产品质量关系到企业品牌的价值提升与否，关系到企业的

① 参见晨路：《格力 CSR：实干的工业精神融合诚信的企业文化》，《第一财经日报》2013 年 12 月 31 日。

兴衰与成败，对于制造型企业来说更是如此。

在质量管理方面，朱江洪用“八严方针”质量管理举措来诠释他对质量的重视——制度要严格实用，设计要严谨扎实，工艺要严肃且踏实执行，标准要严厉并符合消费者的实际需求，服务要严密诚实，教育要严明和务实，考核要实事求是，处罚要有实效。

“八严方针”概括起来就是“严格的制度、严谨的设计、严肃的工艺、严厉的标准、严密的服务、严明的教育、严正的考核、严重的处罚”。

朱江洪提出这“八严方针”，就是营造出良好的质量管理氛围，只有员工谨记“质量第一，顾客满意”的企业精神，格力电器“好空调，格力造”的品牌知名度才可能声名远播。[①]

除了高层领导，格力电器的一线员工，也同样重视产品质量，甚至是把质量作为第一要务，同时也是格力电器的核心价值观。其中，“质量第一”包含两层含义：

第一，格力电器把质量管理放到首要任务，主要是源自格力电器的经营策略。从 1995 年开始，格力电器的规模逐渐扩大，此后进入高速发展阶段。格力电器的经营策略随之从“出精品，上规模”转向以质量管理为中心的“精品战略”。格力电器的具体做法是，通过制定一系列的质量目标，建立质量

---

① 参见郭芳、邹锡兰：《专访格力电器董事长董明珠：如果一代不如一代，企业就完蛋了》，《中国经济周刊》2013 年第 38 期。

管理体系，提高产品质量。

第二，格力电器致力于生产全世界质量最好的空调产品。致力于生产精品空调，就必须把好质量管理关，如果没有质量作为基础，造精品空调也就成为空中楼阁。在自主创新和生产的过程中，格力电器会严格把关。例如，格力电器通过自主研发，突破空调的核心技术难题，在产品不断更新的同时有效保证了产品的品质和质量。在质量管理方面，格力电器实行了非常严格的质量控制手段，其质量标准要高于国际标准，更高于国家标准和行业标准，以标准的先进性确保产品的高品质。[①]即使今天，在原材料成本、劳动力成本，以及物流成本不断上涨的经营环境中，格力电器依然凭借自身的技术攻关和研发创新来降低生产成本，从而赢得更大的利润空间。

董明珠在接受媒体采访时说："格力降成本是降管理成本，决不降原材料成本，因为原材料的质量直接关系到产品的质量，我们绝不拿消费者当试验品。"

董明珠的观点很具有代表性。因为每台空调都有成百上千个零部件，哪怕是一个最小的零件安装不到位，都有可能导致整台空调的不稳定。因此，格力电器在质量管理上坚持不走捷径，严格保证出厂的产品质量。

严格的质量把关最直接的体现就是较低的返修率。据媒

---

① 参见郭芳、邹锡兰：《专访格力电器董事长董明珠：如果一代不如一代，企业就完蛋了》,《中国经济周刊》2013 年第 38 期。

体报道，有一家美国企业订购了 4 万台格力空调，发现有问题的产品仅仅只有 4 台。正是拥有让同行羡慕的实力，格力电器才有底气率先在行业内推出“整机六年免费包修”的措施，以及对消费者做出变频空调“一年免费包换”的承诺。

“抓质量就要心狠手辣，国内的很多产品，小批量试产时和国外产品差别不大，而一上规模就差远了。为什么？主要是职工没养成良好的操作习惯，执行工艺纪律差”

在格力电器的发展历程中，因为坚持质量最终赢得了市场和消费者的认可，其业务已经延伸至 200 多个国家和地区，产品备受欢迎——格力电器的产品在全球的用户数量已经突破了 4 亿，自主品牌已经销往 160 多个国家和地区；20 多年时间里，格力电器品牌深入了千家万户，并且赢得了极好的口碑。

对于任何一家企业而言，产品质量是保证品牌价值的基石，也是最能体现企业技术含量和文化的软实力。可以肯定地说，企业没有质量作为保证，那么就不可能树立品牌。

由于中国历史的特殊原因，在国际市场上，过去中国产品的总体形象是质次价低，这与中国企业落后的质量观念和质量管理体制不无关系。注重产品质量对正处于品牌经营起步阶段的中国企业来说有着尤为重大的意义和作用。[①]

之前，质次价低问题也困扰过日本企业。为了摆脱质次价低的产品形象，日本企业花费了数十年时间。今天的中国企业同样面临质次价低的问题。对此，朱江洪的办法是："抓质量就要心狠手辣，国内的很多产品，小批量试产时和国外产品差别不大，而一上规模就差远了。为什么？主要是职工没养成良好的操作习惯，执行工艺纪律差。质量管理，不严行吗？"

为了更好地控制产品质量，格力电器从设计源头开始狠抓质量控制。在严格的设计评审制度下，利用公司先进的实验室资源，格力产品的开发经历了包括性能、安全、气候、运输、可靠性等一系列检测和试验，保证了产品的质量。[②]

在设计、制造、采购等环节大力推行"零缺陷"工程，使格力空调的售后返修率大大降低。在外协外购质量管理方面，格力电器采用双重保险的外协质量管理系统：一是建立严格的供应商审核考评制度；二是建立格力电器特有的筛选分厂，由 300 多名专职检验员，运用先进的试验设备、检验设备，严格对外协和外购的零部件进行精挑细选，力求保证所有零部件 100% 合格。在严把来料、来货质量检验关的同时，通过不

① 参见施清清：《让世界爱上中国造获奖质量管理模式——"让世界爱上中国造"格力"完美质量"管理模式》，《品牌与标准化》2018 年第 6 期。

② 参见王彤：《坚决不拿消费者当实验品》，《中国电子报》2009 年 11 月 13 日。

定期监督检查、双方交流研讨会等方式来提高元器件的制造质量。[①]

在生产过程中，同样重视质量管理。通过各种技能培训，格力电器向所有员工灌输“零缺陷”的质量意识，同时通过完善的质量控制网络、先进的信息化系统和层层把关的监督管理体系，从而保证产品在生产过程中能够得到可靠的控制。[②]

格力电器在全面实施“精品战略”——“打造精品企业、制造精品产品、创立精品品牌”的同时，还导入卓越绩效管理模式，推进卓越绩效管理。因此，以质量管理为中心，格力用高目标、强手段锤炼产品品质，强化自身产品在市场上的竞争力。

① 参见王彤：《坚决不拿消费者当实验品》，《中国电子报》2009 年 11 月 13 日。

② 参见王彤：《坚决不拿消费者当实验品》，《中国电子报》2009 年 11 月 13 日。

三、“质量关系到‘两个生命’，一个是消费者的生命，一个是企业的生命。没有质量作保证，企业不可能有长远发展”

质量，质量，还是质量，正是因为质量，才让格力电器蜚声国内外市场。2018 年，格力电器凭借过硬的品质，捷报频传。格力电器为人民大会堂设计的冷冻冷藏设备和反渗透净水设备相继成功通过验收，以自主创造核心科技服务国家最高会议场所。2018 年 1 月，格力电器中标全球最大光伏空调项目，落地美国亚利桑那州凤凰世贸中心，强势登陆全球标准最为严苛的美国市场。

格力电器频频中标国内外众多标杆工程。[①] 对此，董明珠说道：“质量的意义关乎‘两个生命’：一个是消费者的生命，一个是企业的生命。没有质量作保证，企业不可能有长远发展。要做百年企业，就必须站立在行业质量和品质的塔尖上，坚定不移做质量的坚守者。”

---

① 参见邹锡兰、伍素文：《格力中标全球最大光伏空调项目，减排效益达 1500 万元》，《中国经济周刊》2018 年第 1 期。

“格力全面推进质量管理创新，独创‘D-CTFP 质量技术创新循环’和‘质量预防五步法’”

对于制造型企业来说，产品质量不仅是影响企业生存和发展的根本，甚至还可能为之付出惨重的代价。董明珠撰文指出，质量才是技术创新的加速器。董明珠说道：“格力将质量技术明确纳入‘掌握核心科技’的范畴，广泛开展检验、测量、试验、失效分析及控制技术的研究和创新，建立‘按需投入、不设上限’的研发创新管理机制，大力进行质量基础能力建设。质量创新是格力自主创新发展模式的重要组成部分。近年来，格力全面推进质量管理创新，独创‘D-CTFP 质量技术创新循环’和‘质量预防五步法’，从根本上解决了制约企业质量水平持续提升的关键问题，系统性地打造了完美质量管理模式。完美质量管理模式以满足顾客对美好生活的向往和追求为出发点，建立了从顾客需求引领、检测技术驱动、失效机理研究、过程系统优化的质量技术创新方法，在从源头预防、问题发现、分析研究到解决方案落实四个环节的循环反馈中，推动质量技术持续创新，产品质量持续改善。”

董明珠补充道：“不是把产品卖出去就是好企业，你的产品卖出去，消费者满意了，你才是一个好企业。所以格力电器的经营理念很简单，就是消费者的小事就是我们的大事，用这样的经营理念来制造产品，对消费者是抱着一种负责任的态度。”

在质量管理上，董明珠强调，格力电器要做不需要售后服务的产品，也就是让消费者购买的格力空调是没有后顾之忧的高品质的产品。这种高品质，在格力电器公司领导看来，首先就是要从源头抓起。其中，关键是原材料的采购与质量控制。董明珠说道：

格力电器从创立之初，就将质量作为企业生存与发展的根本大计。1995 年，格力成立行业内独一无二的“筛选分厂”，该厂对每一个进厂的零部件都要进行筛查，合格后方能走上生产线。

此后，产品质量得到了全面的提升，并从源头上推动了 2000 多家配套供应商的质量进步。2005 年，格力提出“不要售后服务的服务才是最好的服务”的理念，将其作为企业内部质量控制的统一原则和标准。2006 年，格力提出质量管理“八严方针”，强化对质量的严格管控；率先对消费者推出“整机六年免费包修”的承诺。

多年来，格力坚持不懈地狠抓质量管控，使得格力的售后故障率连续多年平均降幅在 20% 以上。据中国标准化研究院统计发布，自 2011 年以来，格力顾客满意度、忠诚度连续 7 年保持行业第一。

秉承精益求精的理念和格力人对卓越品质的不懈追

求，2018 年，该创新管理模式获得中国管理科学学会管理科学奖。

在董明珠看来，“消费者的小事就是我们的大事，格力电器 2001 年初以来大刀阔斧加大了对原材料采购程序和动作环节的调整，通过供应部、外管部、筛选分厂、技术部等环节的层层监控，坚决要求做到‘货比三家、质量取胜’，并加强对原材料采购环节的监控，堵塞漏洞，杜绝人情关、亲情关，并通过公开公正的网上招标等举措，把一批不适应企业要求的原材料供应商拒之门外，保证了格力空调的原材料始终能做到质优价平”。

“国家大力倡导实体经济发展的大背景下，以质量提升产品竞争力，以质量塑造品牌影响力”

事实证明，要想生存和发展，质量就是一个不容小觑的问题。董明珠在多个场合强调“不拿消费者作试验品”，她甚至要求确保每一件出厂的空调产品都是“零缺陷”产品。对此，董明珠说道：“（2018 年）12 月 25 日，在人民网举办的 2018 中国质量高峰论坛上，格力获得了‘人民之选 40 年匠心品牌奖’；格力晶弘魔法冰箱获得了‘2018 年度人民匠心产品奖’。而在此之前的 11 月 2 日，格力荣获了第三届‘中国质量奖’。获此三大殊荣，既是对格力多年来潜心耕耘质量建设成果的充分肯定，也是对格力质量强企再启航的巨大动力，坚定了我们以质量促发展、以质量谋未来的信心和决心。在进入高质量发展的新时代，尤其是国家大力倡导实体经济发展的大背景下，以质量提升产品竞争力，以质量塑造品牌影响力，增强制造业的科技创新能力，切实推进质量强国建设，具有重要的现实意义。”

在董明珠看来，“零缺陷”的格力空调不仅仅是格力电器的生命，还是确保格力电器赢得消费者的最终利器。尽管中国家电业竞争异常激烈，但是格力绝对不会为了抢占市场而忽略产品质量。

为了保证格力电器出厂的空调产品都是“零缺陷”产品，早在 1999 年，格力电器就为此投入百万元巨奖来推行这个“零缺陷”工程。不仅如此，格力电器率先引进“六西格玛管理法”，其目的还是确保格力电器的产品质量。

正是格力电器实施了六西格玛管理，保证了格力电器业绩的稳健增长。公开资料显示，2001 年，格力空调的销售额为 65.88 亿元，比排名第二位的品牌高出 8 亿元。到了 2002 年，格力空调的销售额已经达到 70.30 亿元，比排名第二位的品牌整整高出 14 亿元，企业利润也从 2001 年的 2.73 亿元上升到 2002 年的 2.96 亿元，与不少竞争品牌销售额和利润均大幅下滑的情况形成鲜明的对比。[①]

在质量把控上，由于重视质量管理，格力电器破天荒地提出“整机六年免费包修”，在空调行业令许多空调品牌企业望尘莫及，也在竞争激烈的空调市场上赢得了消费者的信赖。

格力电器赢得了消费者的认可，正是多年来一直重视产品质量的结果——不仅坚持通过严格的质量管理手段稳步提高产品的质量，而且通过不断的技术创新为产品提供超越行业的价值。[②]

在消费者心目中，格力电器生产的空调意味着品质。为了更好地控制整个流程管理，格力电器率先启动了一项世界最先进的质量管理方法——六西格玛管理，以此来大幅提升格力电器的质量管理水平，从而确保格力电器生产的空调品质达到世界一流水平。

提及六西格玛，很多读者可能较为陌生。六西格玛概念于 1986 年由摩托罗拉公司的比尔·史密斯（Bill Smith）提出，此概念属于品质管理范畴。

所谓西格玛是希腊字母，这是统计学里的一个单位，表示与平均值的标准偏差。旨在在生产过程中降低产品及流程的

---

① 参见魏冠军：《格力电器规模效益稳步增长　势头喜人》，《经济日报》2003 年 6 月 11 日。

② 参见袁亮、钱志洪：《空调市场的消费者购买行为研究——基于江苏空调市场的实证分析》，《市场周刊》2010 年第 10 期。

缺陷次数，防止产品变异，提升品质。一般地，企业的瑕疵率是 3—4 个西格玛，以 4 个西格玛来说，相当于每 100 万个机会里，有 6210 次误差。倘若企业能够达到 6 个西格玛，即在 100 万个机会里，只有 3.4 个瑕疵。

2002 年 2 月，格力电器迅速制定了一个“六西格玛管理”实施规划。为了更好地实施六西格玛管理，由时任格力电器董事长朱江洪和时任总经理的董明珠分别担任正副主任，黄辉等其他副总担任领导小组成员，格力电器由此组成了六西格玛指导委员会，全面指导格力电器六西格玛管理的顺利实施；调度项目实施所需要的资源和资金，格力电器的高层领导更是鼎力支持。

在此基础上，格力电器还设立了工作领导小组及六西格玛推行办公室，由黄辉和全面管理办公室主任谢剑钢担任正副组长。

不可否认，要想赢得消费者和市场的认可，就必须确保产品质量。因为只有控制好流程管理，才能确保企业效益。例如，前面提到美国一家企业订购了 4 万台的格力空调，结果发现存在问题的空调仅仅只有 4 台，即万分之一的维修率。格力电器正是凭借过硬的质量保证，拿下了美国市场，如今在美国建厂生产格力空调。

在六西格玛管理的支持下，格力电器通过严抓产品质量，推行“精品战略”和“零缺陷工程”，极大地提升了格力电器的产品品质。格力电器生产的产品，其可靠性、稳定性等衡量空调品质的指标方面已经大幅度提高，其返修率已经低到万分之几，而国际上一些先进企业的返修率至今还是千分之几。

第六章

“工业精神”：敢于放弃眼前的利益

我想我是寂寞的，至少在中国的制冷工业界。我一直把踏踏实实做事的“工业精神”作为格力的发展信条之一，但真正读懂其中含义的人又有多少?

——格力电器董事长　董明珠

一、“‘工业精神’应该是指少说空话、多干实事，全心全意关注消费者需求，主动承担社会责任，用企业的力量推动社会发展”

2006年，中国房地产市场一片飘红，成百上千的制造业企业纷纷转战投资该市场。在当时，作为全国人大代表的董明珠则不合时宜地逆潮流发声，更是在当年的两会上，首倡中国企业需要有“工业精神”。

时隔多年，董明珠依然故我。董明珠认为，与传统的“商业精神”不同，她所理解的“工业精神”，应该是指少说空话、多干实事，全心全意关注消费者需求，主动承担社会责任，用企业的力量推动社会发展，所有行为都必须抱着对未来负责任的精神，简单地说，就是“吃亏精神”。有了这种“工业精神”，就可以把人的力量和智慧无限地聚合起来，实现最大限度的自主创新，创立民族品牌，推动中国的制造业和经济向前发展，并与世界接轨。[①]

对于业界担忧的“实业的前途”问题，董明珠的回答干脆利落：“如果中国13亿人都搞资本运作的话，我想象不出那是

① 参见董明珠：《从亨利·福特想到“吃亏精神”》，《名人传记：下半月》2008年第5期。

一个什么时代。在地产最疯狂的时候，在金融投资最疯狂的时候，格力电器依然坚持做制造业，可能这个过程里我们并没有得到短期的巨大利益，但是我们收获了另一个，就是能够在这个行业里面走到世界的最顶端。”

“什么赚钱做什么，完全用利润的标尺来衡量企业发展。但这把‘利润的尺子’把企业推向了追逐利润的沼泽”

在逐利最大化的今天，面对难以抵制的诱惑，很多企业经营者不是优先制定一个百年老店的战略规划，而是最大化地赚取近期利润。殊不知，盲目逐利的结果很可能将企业带入歧途。

对此，董明珠直言，改革开放之后成长起来的很多企业，由于长期用“商业精神”来指导企业和市场的发展，什么赚钱做什么，完全用利润的标尺来衡量企业发展。但这把“利润的尺子”把企业推向了追逐利润的沼泽，价格战、同质化、产能过剩等都是“商业精神”带给中国制造企业无法逃避的后遗症。①

反观岛国日本，却能拥有数万家百年企业。数据显示，世界上持续存在200年以上的企业有5586家，其中半数以上集中在日本。在日本，创业1000年以上的企业有7家，500

① 参见董明珠：《格力董明珠：学习福特的“工业精神”》，《消费日报》2006年11月21日。

年以上的有 32 家，200 年以上的有 3146 家，100 年以上的有 5 万家。①

在对日本长寿企业的研究中，不难发现，导致日本企业长盛不衰的原因有很多。有学者撰文指出，日本长寿企业能够长盛不衰，其中一个非常重要的因素就是注重长期。与欧美企业相比，日本企业不管在经营还是作投资决策，都非常倾向作长远期战略决策，主要体现在注重长远投资和利益回报，任何一次投资都要考虑数十年以后的市场定位和需求变化。

这样的决策可能与日本企业是一个较为典型的家社会，十分重视员工的利益有关。这与西方欧美国家的企业不同，欧美企业相对重视企业股东的利益。

不可否认，从现代资本理论的角度来分析，日本企业的资本利率可能低于西方国家企业，但是由于日本企业可以保持长远期利益，而且还能不断地延续下去，这样就使得企业的发展更具可持续性。

纵观世界经济发展的历史，不难发现，那些长期领导行业发展的领袖企业，从表面上看似乎是在“商业精神”的指导下，实际上，其发展核心动力就是一股“傻劲”和“吃亏的精神”。如果没有当年福特坚持只做汽车不做金融的“傻劲”，就不会有今天的福特汽车；如果没有比尔·盖茨放弃房地产暴利

① 参见刘刚：《学习日本与日本式学习》，《企业管理》2013 年第 7 期。

不赚，专心于软件产业的“傻劲”，就不会有今天的“微软”。所以，真正支撑一个企业走向未来的，不单是技术，还有精神。这种精神就是“工业精神”。

在作为董事长的董明珠看来，真正从事工业的经营者，必定是“工业精神”的实践者，即有理想、有抱负、有社会责任感，愿意为了这些而放弃眼前的利益。真正从事工业的人，会把推动社会进步作为自己事业的核心，而非简单地赢取利润。当代中国要发展，需要的就是这种真正从事工业的人和他们的“工业精神”。他们获得利润，但并不仅仅为了获得利润！他们的利润来自自主创新而实现的核心技术的发展。

在很多场合，董明珠自认为不是一个聪明的人，不太会衡量所谓的得失，只一味朝着认定的方向前进。对董明珠而言，格力电器的方向就是她的方向，就是制造出中国乃至世界的好空调的方向。因为董明珠希望格力空调能成为世界上叫得响的牌子，能让中国的空调业在国外同行面前挺直腰杆。为了这个目标，董明珠坚持格力电器只做空调，不给自己留一条后路；为了这个目标，董明珠坚持格力建起了中国最大的空调实验中心……

面对众多诱惑，董明珠已经放弃了很多，不过，在未来格力电器的发展中，其诱惑同样很多。对于董明珠而言，她也不知道还要放弃多少、付出多少，才能完成格力的梦想。但是董明珠知道，只有坚持“工业精神”，勇敢地走下去，才有可能到达彼岸，因为福特就是这样开启他成功的第一章。[①]

“一百多年前，福特因为执着的‘工业精神’而成功。一百多年后的今天，做企业、做事也同样需要‘工业精神’”

董明珠直言，“工业精神”不同于“商业精神”，“工业精神”是拒绝浮躁。工业与商业是不同的。这是一座用思想与汗水，一个零件一个零件构造起来的“大厦”。“大厦”的高度，取决于地基的牢固程度。因此，侥幸与投机在这里都不管用，只有秉承一种“工业精神”，朝着理想一步一个脚印地前进，才能走向未来。[②]

在《格力董明珠：学习福特的“工业精神”》一文中，董明珠称，在一百多年前，福特因为执着的“工业精神”而成功。一百多年后的今天，做企业、做事也同样需要“工业精神”。

回顾格力电器多年的发展历程，让董明珠深刻体会到，企业的发展不仅要具备核心竞争力，更需要一种灵魂性的东西来充实企业的精神文化。

从董明珠个人的实践来看，尽快推动企业发展的精神动

---

① 参见董明珠：《格力董明珠：学习福特的“工业精神”》，《消费日报》2006年11月21日。

② 参见董明珠：《格力董明珠：学习福特的“工业精神”》，《消费日报》2006年11月21日。

力从“商业精神”到“工业精神”的转化，就是当前中国企业发展的一项灵魂性的支撑，也是企业需要迫切实现的任务。[①]

在中国企业家中，从来不缺乏雄韬伟略的战略家，但是却缺乏精益求精、坚持百年老店思维的经营者。

在地产、煤矿等疯狂赚取利润的时刻，很多中国企业都在向这些利润高地发起一轮又一轮的冲锋，结果因为经营环境的改变而跌入谷底。2008年金融危机爆发后，有关民间借贷崩盘的新闻被媒体屡屡曝光。例如，2012年，内蒙古鄂尔多斯因为涉及民间借贷而崩盘的信息被媒体披露；2013年，陕西省神木县因为涉及民间借贷而崩盘被媒体再次曝光；2014年，陕西省府谷县同样因为民间借贷而崩盘的事件立即引起了媒体的再次关注。

央视财经记者在陕西省府谷县进行了调查，发现一个叫宏昌鑫的煤化工企业以年息24%的高回报做诱饵非法集资。数百人把钱借给公司，本该在2004年1月28日和3月2日到期兑付，却宣告违约，老板不知去向。

前几年，老板跑路的声音不绝于耳，对此，笔者写过多篇文章指出，今天的一部分商人放弃了实业，转而投机房地产、农产品，甚至有的商人不惜借高利贷去炒房，特别是随着温州老板外逃事件被媒体披露，一些媒体认为，温州老板外逃

---

① 参见董明珠：《格力董明珠：学习福特的“工业精神”》，《消费日报》2006年11月21日。

是因为融不到资，而去借高利贷，无法偿还高利贷所致；一些媒体认为，温州老板外逃主要是他们借高利贷炒房炒股，遭遇国家宏观调控所致；一些媒体认为，温州老板外逃主要是他们投资所致。

众说纷纭，但是真相只有一个。在央视《对话》现场，温州打火机行业协会会长、日丰打火机有限公司董事长黄发静认为，老板外逃并不是因为融不到资金，而是外部环境的变化引发的，他说：“温州小微企业面临的困局是浙江乃至全国小微企业的一个缩影。浙江小微企业当前所面临的困难，主要是外部环境发生了重大变化：原材料价格不断升高、人民币汇率变化、劳动力成本提升等，都在一步步挤压企业的利润空间，如打火机行业原来的利润为10%—15%，如今只有3%—5%。但是，面对当前的危机，小微企业没有‘怪’任何人，浙江的小微企业也没有传言中的那样惨，因为，浙江企业的创业精神还在。”

的确，放弃实业去做投机，必然遭遇失败。面对机会的诱惑，董明珠在《中国经济周刊》发表署名文章《企业要有“工业精神”》，首次提出了制造业企业要有吃亏的“工业精神”，要在技术创新方面多干实事、长期作战，要耐得住寂寞；另外，要对未来负责，不仅关注现实的消费需求，更要关注消费者的根本需求。

在企业经营者们人人想赚快钱的年代，董明珠这种“吃亏的工业精神”似乎有点儿不合时宜，可事实上，董明珠的远见和智慧再一次让格力电器在家电行业腥风血雨的竞争中独活在一片绿洲之上。在销售业绩突破1200亿元之后，竟然向外宣传格力电器销售额年均增200亿元无压力，特别是在中国家电行业整体负增长的萧条环境下，这样的反差令同行愕然。2018年，格力电器的营业收入突破2000亿元大关，傲然立于世界企业之林。

二、“离心机组通过废水利用，可以节省一半的使用费用。我想的不是赚钱，而是帮消费者”

董明珠直言，只有坚持“工业精神”，才能把格力电器打造成百年老店。董明珠认为，保持技术创新与业绩增长之间的良性循环，在任何时候都不能急功近利。

董明珠举例说道：“比如，我看到报道说内蒙古冬天取暖缺煤，我就感到有责任，加快推广离心机组。离心机组通过废水利用，可以节省一半的使用费用。我想的不是赚钱，而是帮消费者，你的产品给消费者、给社会带来好处，消费者、社会自然也会给你回报。”

反观格力电器的创新过程，不难发现，对于技术创新的感悟，董明珠的确有一个渐变的过程。早些时候，董明珠认为，产品比别人好就是创新。现在的董明珠则认为，只有你的产品改善了别人的生活，你有独创的产品，才能引领行业的发展方向。

“在很多人看来，格力浪费了很多的发展机会，过于保守。但是，正是因为在‘工业精神’的指导下，格力专注做空调，多年的积累，让格力登上了今天的高峰”

在格力电器，董明珠一直把踏踏实实做事的“工业精神”视为格力电器的发展圭臬。董明珠在接受《南都周刊》采访时坦言：“这么多年来，格力没有什么赚钱做什么，而是专注于做空调。在很多人看来，格力浪费了很多的发展机会，过于保守。但是，正是因为在‘工业精神’的指导下，格力专注做空调，多年的积累，让格力登上了今天的高峰。”

董明珠补充道：“‘工业精神’是一种吃亏精神，但是，吃小亏往往会赚大便宜。格力耐得住寂寞，埋头做研发，一步一个脚印地在技术和生产方面积蓄力量。当格力的全球市场占有率达到30%—40%的时候，格力可能会在相关领域进行拓展，现在还不是时候。”

在董明珠看来，正是自觉承担了“工业精神”领跑者的责任，正是自己坚持这样的决策，才有了今天格力电器2000亿元的规模。

其实，董明珠的“工业精神”并非企业界的个案。在日本企业中，“工业精神”是指导企业生存和发展的一个重要思想，同时还把“工业精神”融入社会利益中，主张“企业是社会之公器”。在日本经营者看来，企业获取利润的同时应回报社会、服务社会。因此，在经营管理的过程中，都需要坚持和贯彻为社会作贡献原则——注重国家利益、顾客利益、员工利益，以及企业利益。即企业通过自身的经营，在为人们创造福利而有所贡献的同时，赚取适当的利润。[①]

从这个角度来看，这才是日本企业的经营既追求经济效益又追求社会效益的逻辑。日本经营者认为，国家是企业之母，有了国家的强盛，才能有企业的壮大。企业的发展目标与国家的发展目标是一致的。

与欧美国家企业比较，日本企业具有较强的国家意识。例如，创建于 1918 年的松下公司，拥有 100 多年的历史，在中国拥有较高的知名度，在其“七精神”中，第一条就是“产业报国精神”。[②]

经过 100 多年的经营发展，松下公司已经成为一个跨国公司。但是松下幸之助是一个典型的白手起家创业者。松下幸之助父亲生意的失败，直接导致只受过 4 年小学教育的他不得不辍学，离开家到大阪去当学徒。

1918 年，23 岁的松下幸之助在大阪建立了“松下电气器具制作所”。创立之初，“松下电气器具制作所”是由 3 人组成

① 参见李元亮：《日本企业的营销理念及启示》，《时代经贸》2011 年第 32 期。

② 参见李翠翠：《日本企业文化特点及对中国企业文化建设的启示——以日本松下电器公司为例》，《经济研究导刊》2008 年第 18 期。

的小作坊，其中之一是后来三洋的创始人井植岁男先生。这就是松下电器的开始。

在当时非常艰苦的创业环境中，作为创始人的松下幸之助，与制作所员工工作在一线。松下幸之助的努力得到了回报，松下公司推出的成功产品一个又一个。例如，先进的配线器具、炮弹型电池灯、电熨斗、无故障收音机、电子管、真空管等。

1925 年，松下公司的产品被顾客渐渐地接受，且企业规模迅速扩大。此刻，日本正遭受严重的经济危机，百业凋敝。面对经济不景气，松下幸之助鼓励国民消费，并带头购买了一辆汽车。

在松下幸之助看来，如果鼓励国民消费，就能刺激日本经济的复苏。在当时，日本各行各业都陷入经营萧条之中，与之相反的是，松下制作所的业绩却蒸蒸日上，销售额持续增长。松下幸之助认为，企业经营的第一要务应该是为社会作贡献，企业的发展也必须是建立在服务社会大众的基础之上。

此外，松下幸之助毫不隐讳地谈道："赚钱是企业的使命，商人的目的就是营利。"但是其前提是"担负起贡献社会的责任是经营事业的第一要件"。在松下幸之助看来，只有把自己的企业、事业纳入整个社会的发展中，不折不扣地强调赚钱、盈利，才是对社会的贡献；相反，不赚钱，亏损，社会也必将"亏损"。反过来说，如果企业经营都亏损，国家是不能发展的。[①]

对此，松下幸之助谈道：“一个小公司，其存在虽不能裨益社会，但至少不能危害社会，这是它被允许存在的最基本理由。如果公司成长了，拥有数百名或数千名员工，把不危害社会作为存在的唯一理由就不够了。它不但不能危害社会，还应该在某种方面受到社会的喜爱和欢迎，这才是基本的经营方针。”

有的企业拥有数万名员工，企业的任何决策都极有可能对社会造成巨大的影响。松下幸之助指出，贡献社会不仅应该是经营的理想，也应该是理想的经营方法，是有灵魂的经营方法。原因很简单，企业的存在和发展都要依赖和仰仗社会。[②]而那些不为国家作任何贡献的企业是不可能获得长远发展的。

鉴于此，作为制造业企业而言，一旦过于追逐“商业精神”，作出的决策必然更倾向于投机性，更短视。事实上，“商业精神”与“工业精神”是截然不同的两种思维。“商业精神”之所以受到企业家的青睐，是因为在改革开放后创立起来的诸多企业受到了当时社会整体浮躁的影响，一些中国企业为了获取最大化的利润，才视“商业精神”为圭臬，才在企业经营中

① 参见《自来水哲学：松下幸之助自传》，李菁菁译，南海出版社 2008 年版，第 35—41 页。

② 参见《自来水哲学：松下幸之助自传》，李菁菁译，南海出版社 2008 年版，第 35—41 页。

一切以赚钱为目的，完全抛弃了企业对社会所担负的责任，导致类似三鹿奶粉事件的发生。

在接受媒体采访评价三鹿奶粉事件时，董明珠谈道：“当然应该是这样，特别是用电的产品，必须要有安全意识。三鹿奶粉事件就是一个典型的案例。明明知道它有问题，我还这样做，这就是伤天害理！如果我是无知的，我不知道，那还能够原谅。作为制造业来讲，你不能因为无知和不知道而推脱责任。所以三鹿奶粉事件发生以后，虽然我们不是同行业，但我们把这个教训在全公司，甚至包括我的上游配套厂家，都进行了思想教育。让他们高度重视质量，因为我们可能会在不经意间伤害了别人，给别人带来无尽的痛苦，这是我们企业的责任。”

针对媒体的追问，董明珠补充道：“我觉得这是底线，在任何时候，你想赚钱也好、怎样也好，你都要以不伤害别人为原则。你明知道这对别人身体有伤害你还去做，我觉得这是非常可怕的事情。当然刚才讲了，如果你是无知犯了错，也许这还能允许有一个纠正的机会。你明知道不对还去做，性质就不同。我们讲性质不同，有的是犯错误，有的是犯罪，犯罪和犯错误完全是两个概念，是不同的。”

在格力电器，董明珠更多地坚持“工业精神”，不赞成一部分企业家所倡导的“商业精神”。董明珠坦言，当代中国要发展，需要的就是这种真正的从事工业的人和他们的“工业精神”，他们也需要获得利润，但并不仅仅为了获得利润。[①]

在格力电器，“工业精神”不仅应用于产品制造的过程中，同时还应用于销售环节。在与经销商的沟通中，董明珠经常强硬地对经销商说：“先做事再赚钱，你不能说今天卖格力空调，明天卖其他品牌，然后再卖一个什么。空调不好卖，卖洗衣机；洗衣机不好卖，卖冰箱。我就要你一辈子都做格力空调。”

“我们要让商家意识到，格力所倡导的不是唯利是图，商家可以赚钱但不能暴利”

综观诸多百年老店，经营者在制定战略时，都注重中长远的利益规划。这样的做法与董明珠倡导的“工业精神”不谋而合。

从 2003 年开始，董明珠就开始倡导“工业精神”。从企业经营的角度来看，不管“商业精神”还是“工业精神”，二者都是在创造利润，但是二者存在明显的区别。具体的不同就是获取利润的方法和路径。

据董明珠介绍，在企业经营过程中，“商业精神”更加注重结果，“商业精神”犹如水，哪儿有利润就流向哪儿。与“商业精神”截然不同的是，“工业精神”是科学精神的延伸，

---

① 参见董明珠：《格力董明珠：学习福特的“工业精神”》，《消费日报》2006 年 11 月 21 日。

更加讲求信用，讲求公平竞争，讲求长远利益，显然是一种“吃亏”精神。

董明珠说道：“在成本控制上，格力电器是扎扎实实落实在公司的行动上。我们公司历来都提倡一张纸、一滴水的管理。格力规定一张纸必须两面都用，如果正面用了反面没有用，我今天没有抓着你，算你过去，如果给我发现了，你面临的惩罚是被炒鱿鱼，这是非常严厉的管理。同时，格力又对员工提供了无限的关爱，格力的目标是一线员工一人一居室，就是希望把一部分优秀的精英通过环境的改善培养出来，有自我的空间，从而不断地创造出一些新的东西。我从来不认为哪个企业是我的竞争对手，竞争对手只有自己，没有别人。企业垮了不是被别人打垮的，而是市场不再投你的票，不垮不行。”

在董明珠看来，一旦“商业精神”占据了企业经营的主导地位，那么就会更富于投机性、更短视和产生更多的不正当竞争。这种状况会使企业的生存发展远离“工业精神”，使得工业家们也像商人一样行事，其结果必然是工业行为的短期化和商业化。①

与那些坚持“商业精神”相反的是，格力电器始终坚持“工业精神”。在很多场合，董明珠反复强调：“格力倡导的‘工业精神’就是一种甘愿吃亏的精神，不投机。中国企业需要这

① 参见侯雪莲：《董明珠：用“工业精神”制造中国品牌》，《中国经营报》2013年8月17日。

种精神。”董明珠补充道：“制造业不要有那种投机心理，不能盲目地急功近利，追求眼前效益。我们要让商家意识到，格力所倡导的不是唯利是图，商家可以赚钱，但不能赚暴利。大家是在经营一项事业，产品卖出去以后还要服务到位。”

在“工业精神”的推动下，格力电器取得了骄人的业绩。2012 年，格力电器成为第一个销售额突破 1000 亿元的中国家电品牌上市公司。在全球，格力空调已经连续 8 年市场销量第一。来自产业在线的数据显示，2012 年格力空调市场份额高达 42.7%，约等于第二名到第五名的总和。[①]

在董明珠看来，自己倡导的“工业精神”就是“吃亏精神”。不过，董明珠也坦言，一个企业必须保持基本的利润才能保持正常运转。在接受《中国经营报》记者采访时，董明珠说道：“对利润的考量，我觉得一个好的上市公司，第一要对员工负责任，第二要对消费者负责任，第三要对股民负责任。只有将消费者和员工的利益保护好，企业才会有很好的发展，才能谈对股民的责任。我一直强调上市公司要对股民负责任，要坚持每年分红，真正的投资收益是分红，而不是炒股票。要对那些长期持有格力股票的投资者负责，而非为投机者负责。去年格力 10 送 10，一股送一块钱，在上市公司中是很少见到的。如果当年买的格力 1 万股股票，现在已经是 1870 万元了。

---

① 参见侯雪莲：《董明珠：用“工业精神”制造中国品牌》，《中国经营报》2013 年 8 月 17 日。

在利润保障方面，我们一直是对自己有很高的要求，今天我们的目标坚持不变，利润要实现100亿元。我们的利润增长一个是来自管理效益，一个是设计，来自我们技术创新带来的效益。比如全能王系列空调，全世界除了格力，谁都没有，企业获得技术价值的同时，消费者也获得实际利益。”

在董明珠看来，“工业精神”实质是专心做事，真心为消费者服务的思维。因此，格力电器每年都拿出巨资进行产品的研发试验，并且在原材料上涨，空调利润微薄的情况下，毅然采用名牌压缩机电机以及优质镀锌钢板、螺纹铜管，丝毫不在材料上偷工减料，这就是“工业精神”的表现。①

对此，董明珠坦言，过于强调“商业精神”容易使企业变得懒惰。为了赚钱，各种手段无所不用其极，喜欢靠“捷径”赚钱的企业自然也就忽视了产品的研制开发，最后养成了懒惰的习惯。总想着在短时间内赚取暴利，时间久了，产品的技术跟不上市场的需求，最终还是要被市场淘汰。②

从短期效益来看，坚持“工业精神”可能看不到效益。但是从长远来看，却是一切竞争力的积累。综观那些基业长青的中外企业就不难发现，表面上，基业长青的中外企业似乎是在

---

① 参见董明珠：《格力董明珠：学习福特的“工业精神”》，《消费日报》2006年11月21日。

② 参见董明珠：《格力董明珠：学习福特的“工业精神”》，《消费日报》2006年11月21日。

“商业精神”的指导下，其实它们是在坚持“工业精神”。

事实证明，一个真正能够“基业长青”的企业，不仅关注企业的产品质量，还关注企业的社会声誉。可以肯定地说，在企业未来的竞争中，一旦企业不具备良好的社会声誉，其产品是很难获得消费者青睐和认可的。

三、“我就是一个卖空调的，踏踏实实，本本分分，做好我的空调就够了。我对政府最大的贡献就是做好企业，卖好空调”

在格力电器，董明珠倡导“商人和官员不要勾肩搭背，只需各自做好分内的事情”。在董明珠看来，处理政商关系的事情并没有很多企业家想象得那么复杂。

董明珠认为，企业与政府的关系，同样可做到“水至清”的高度。在很多场合，董明珠言简意赅地把政商关系的定位准确地表述出来：“商人和官员不要勾肩搭背，只需各自做好分内的事情。”

正如董明珠所言，格力电器不搞政府关系，格力电器不需要潜规则。其理由是：“我就是一个卖空调的，踏踏实实，本本分分，做好我的空调就够了。我对政府最大的贡献就是做好企业，卖好空调。”

董明珠的做法是值得称赞的，因为经营好企业，才能保证企业的生存和发展。可以说，董明珠在商界称得上是一个特立独行的企业家，很少出现在各种社交场合，既不与官员周旋，也不在业内圈子交际。她不会喝酒，很少应酬，只要不出差，就每天两点一线：单位、家里。[①]不仅如此，董明珠还要求格力电器人不能养成酒桌文化，因为董明珠清楚，做生意不能凭“我认识谁谁谁”。即使政府部门购买格力电器的产品，董明珠同样坚持先付款后提货。董明珠解释说：“不能破坏了游戏规则。买格力空调是这样的，其他的我管不了。”

“如果答应了帮哥哥拿货，开了这个先例，可能导致的后果就是其他经销商依葫芦画瓢，破坏了原有的秩序”

中国企业和西方国家的企业有着很大的差距，其中较为突出的就是西方国家的企业管理层也需严格遵守和执行制度，而在中国，企业管理层认为制度应该是属下、身边的人，而不是自己去严格执行。

当然，这样做的后果就是随处可见的诸多执行不到位现象。对此，希望集团总裁刘永行曾写专文强调：“不到位，是中国许多单位工作的‘病根子’。员工要更有竞争力，企业要更有竞争力，就必须在‘到位’两个字上下足功夫，否则很有可能会得不偿失。”

在刘永行看来，在“到位”上下功夫，一个可行的办法就是老板带头执行企业的制度。不可否认，随着中国改革开放的深入，中国企业的公司治理制度也随之完善，但是，我们研究

① 参见崔丽、张莹：《董明珠：水至清亦有鱼》，《中国青年报》2013 年 11 月 20 日。

了数百家企业后发现，很多中国企业并不缺乏管理制度，但往往存在执行不到位的问题。

其中一个深层次原因是，不是员工不愿意执行到位，也不是员工完全不会做，而是企业老板在管理当中带头不执行企业制度。在联想集团公司，柳传志反复强调，联想是一个执行力非常强悍的公司。柳传志举例说："联想开会决不允许迟到。我们规定，会议不管大小，迟到的必须罚站1分钟，那个姿势是像默哀一样的，很难受。从1989年到现在，这么多年，来这么多人，制度就是制度，必须贯彻。一开始还有人并不太当回事，后来，如果开会有人迟到，主持人没罚他站的话，那主持人到我这里来罚站1分钟。"

从柳传志的罚站可以看出，只有用制度的强制力，才能解决掉企业老板固有的"我是老板，一切都是我说了算"的问题。

在格力电器，董明珠同样也带头遵守公司制度。不仅如此，为了更好地维护格力电器的制度，甚至还拒绝了给自己亲哥哥购买格力空调的要求。

事情是这样的：当时正值1995年空调销售旺季，董明珠的哥哥到珠海找董明珠，此前，一个经销商通过他与董明珠的关系批发价值3000万元的空调，该经销商承诺给董明珠的哥哥2%的提成。

客观地讲，董明珠答应帮哥哥拿订单本身并不违反格力电器的相关规定，同时还会给格力电器带来一笔可观的销售收入，这本是一件双赢的事情。不过，董明珠断然拒绝了哥哥的要求。不仅如此，董明珠在电话中斩钉截铁地告诉经销商，不会给他 3000 万元的空调。为此，董明珠的哥哥非常不理解在不违规定的情况下，为什么不把手中掌握着的权力为家人所用？

尽管哥哥不理解，但是在董明珠看来，如果答应了帮哥哥拿货，开了这个先例，可能导致的后果就是其他经销商依葫芦画瓢，破坏了原有的秩序。不仅如此，为避免同事间过多接触而产生徇私机会，除了工作之外，董明珠几乎也不会与同事往来。[①] 董明珠解释说：“我觉得我的权力不是为自己用的，是为企业用的。企业家品格中最重要的是无私。”

“我们说的水清有鱼，只有水清了才能看到哪条鱼是健康的，哪条是生病的”

在中国，“水至清则无鱼，人至察则无徒”。这条古训可以说是家喻户晓。这句话的意思是，水如果太清就没有鱼了，人如果太精明就没有伙伴了。

后人多用此告诫人们不要太苛刻，看问题不要过于严厉，否则，就容易使大家因害怕而不愿意与之打交道，就像水过于

① 参见崔丽、张莹：《董明珠：水至清亦有鱼》，《中国青年报》2013 年 11 月 20 日。

清澈养不住鱼儿一样。

然而，在格力电器，董明珠却不这么认为。在董明珠看来，“水至清亦有鱼”。董明珠提出“水至清亦有鱼”理论：“浑水摸鱼，永远无法建立一个大家公平竞争的机制。我们说的水清有鱼，只有水清了才能看到哪条鱼是健康的，哪条是生病的。”

在董明珠看来，企业就好像一池子水，当池水浑浊时，无疑会滋生腐败的杂质，这些杂质能把一部分池鱼养得又肥又大，却最终逼死了其他的鱼，破坏了健康的生态。

2001 年，董明珠担任格力总经理后，开始针对公司存在的问题进行大刀阔斧的改革。董明珠直言：“有交易的地方就有腐败。”

赴任总经理之后，董明珠做的第一件事情就是清除腐败的肌瘤，不断地消毒，澄澈干部队伍的“水质”。与此同时，董明珠还给员工构建了一条申诉的渠道。

与之前的信箱不同，具体的做法是，在厕所旁、楼道边、食堂里等处设置了“总经理信箱”，便于员工建言献策。

董明珠之所以这样做，是因为之前的信箱往往挂在厂长办公室门口，员工即使有意见，也没人敢去厂长办公室门口投。

自从申诉的渠道构建后，“总经理信箱”每天都被塞得满满当当，最多的一天竟然收到 700 封信。凭借“总经理信箱”

这条渠道，董明珠可以充分地了解员工的真实情况，其中反映的有些问题令董明珠大为震惊。

例如，一些中层干部在工作中，其作风异常霸道，总是欺上瞒下，其行为令人发指。其中一个中层干部，以各种“莫须有”的名目，长期克扣一线员工的工资。

发现问题后，董明珠拍案而起。此刻，正值格力电器10周年庆典结束，很多格力电器人还沉浸在喜庆的氛围中。为了解决格力电器存在的问题，董明珠把所有中层干部拉到外地，开起闭门会，大行整顿治理之风，个别恶劣中层干部受到严厉处置。[①]

当铁腕治腐，动真格，敢碰硬之后，董明珠树立了正气，扬了清风，赢得了格力电器的一线员工赞许。不仅如此，在中层干部中，董明珠的反腐立即引起强烈震动，其后风气大为改观。

在反腐败问题上，董明珠的看法是没有商量，不留余地。为了避免有人以“无处上缴”为借口收红包和礼物，董明珠专门设置了一个小组，负责监察和保管。不仅如此，格力电器市场部的外出接待发票，董明珠更是事必躬亲，严格审查，每一

① 参见崔丽、张莹：《董明珠：水至清亦有鱼》，《中国青年报》2013年11月20日。

张发票都要问清来源去向。[1]

为了更好地治理腐败，董明珠把制度变成一个筛子，只有筛网足够细密了，才能淘清杂质，清理淤塞。[2]例如，有一次，董明珠给一名中层干部打电话，该干部支支吾吾，说自己在陪客户。经过调查，发现该干部实际上在陪家人。

于是，董明珠坚持把该中层干部撤职办理，撤职的理由是“一个人在这种事上都撒谎，如果遇到大事，能承担吗？”

在格力电器，“公平、公正、公开”的大红色条幅随处可见。作为董事长的董明珠用这“三公”，制度性地营造了一个透彻、严明的竞争环境，使得格力电器真正实现了“公平、公正、公开”。[3]

---

① 参见崔丽、张莹：《董明珠：水至清亦有鱼》，《中国青年报》2013年11月20日。

② 参见崔丽、张莹：《董明珠：水至清亦有鱼》，《中国青年报》2013年11月20日。

③ 参见崔丽、张莹：《董明珠：水至清亦有鱼》，《中国青年报》2013年11月20日。

第七章

渠道为王：谁控制渠道，谁就拥有话语权

随着公司业务规模的扩大，格力“自建渠道”的营销模式使企业“诚信”理念贯穿于生产到销售的每一个环节，与经销商保持良好的合作关系，对终端渠道建设和广告宣传给予大力支持。格力建立了股份制区域销售公司，极大地增强了经销商的经营动力，通过建立健全的市场相关制度，利用政策引导销售公司带领各渠道开展形式多样、内容丰富的大型促销活动，不断提高市场份额以及企业知名度，使格力在激烈的渠道竞争中脱颖而出，实现营销渠道的自主管控。

——《珠海格力电器股份有限公司 2019 年年度报告》

一、“我们寻找的不是自建渠道抗衡大卖场，而是共同合作者的关系，寻找的是有诚意，对别人负责任的合作者”

在很多空调销售中，由于受到连锁渠道的钳制，话语权不足以对抗经销商，使得在议价谈判上往往处于劣势。董明珠说道：“有的企业没有办法，产品不好，要通过强大的卖场渠道销售出去，这种情况下就会去求国美等卖场。我们希望跟国美达成共识，我们并不是要自建渠道，我们寻找的不是自建渠道抗衡大卖场，而是共同合作者的关系，寻找的是有诚意，对别人负责任的合作者。”

格力电器在 20 多年的发展和壮大历程中，始终把渠道控制在自己手中。不管是 1997 年成立的股份销售公司，还是前几年的“削藩”，以及当下的直播带货，董明珠的目的依旧是控制渠道。

在接受网易商业频道主持人的采访时，董明珠回答道：“我们当时跟国美博弈的时候，有人认为我们跟国美较量是我们有实力，同行中很多的企业都认为我们给他们出了口气。他们不敢跟国美较量，有人就说国美错了，我倒也不认为国美错了。他们认为要服从他们的条件才可以进入，我认为我有能力不进入国美是我的事，因为你的实力在那里。例如说，格力电器是消费者最认可的品牌，尽管有些品牌曾经也风流一时，但产品如果不好，服务好用户难道就满意了吗？一个企业要真正地真诚到永远，对消费者负责任，就是送去好的产品。我的产品好，消费者的口碑好，消费者对我们有信心，我们就有市场，消费者购买我们的产品，消费者就会到有格力的地方购买格力空调，我们的市场就不会被影响，你不满足我的要求，我就不跟你合作。”

“格力电器始终坚持自主管控、互利共赢的销售渠道建设及合作模式。构建起稳固的线上、线下业务布局”

在中国，由于历史的原因，在1956—1978年这段时间实行单一的计划经济，渠道对于商品的销售非常不明显。自从中国政府实施对外开放战略后，商品又回到市场经济的轨道中，渠道的作用再次回归。

中国空调行业经历了40多年的发展，自主品牌的崛起，除了核心技术，还有就是渠道。众所周知，空调产品的主要销售渠道，通常是家电连锁店、大卖场、超市、专卖店等为主的现代零售渠道。以格力电器为例，2005年，格力空调全球销量突破1000万台，跃居全球第一，其中专卖店的销量占了半壁江山，不仅顺利实现了“世界冠军”的目标，还捧回了一个中国世界名牌。

可以肯定地说，格力电器在渠道战中占据主动，其营销模式威力尽显。显然，这一切与格力电器独特的营销模式密不可分。在格力电器的发展中，渠道为格力电器的发展作出了巨大的贡献。

1997 年，价格大战的硝烟弥漫在中国的空调市场上，然而，格力电器却坚持不降价，也不参与价格战。不仅如此，董明珠甚至亲临湖北，与湖北大经销商一起艰难地坚守这一承诺。当然，为了更好地让经销商销售格力空调，同年底，共同成立了湖北格力空调销售公司。

正是独特的渠道模式，格力电器掌握了渠道的控制权，由此也就掌握了产品的促销话语权。2004 年 3 月，作为全国人大代表的董明珠当时在北京开会。当她得知成都国美分公司在没有得到格力电器的授权就擅自降价后，随即下令，停止向国美电器供货。其后，国美电器“把格力清场、清库存”。2010 年，格力电器又向苏宁电器发出战书。

董明珠之所以敢对决国美电器和苏宁电器这样的大型家电连锁，是因为格力电器拥有独立自主的渠道，即使没有国美电器、苏宁电器这样的销售渠道，对格力电器的销售影响也不会很大。

为了控制渠道，即使董明珠打着点滴，也要去跟经销商开会。只要渠道一出问题，董明珠通常是第一个赶到现场。也正是董明珠的铁腕手段，让格力销售渠道保持了稳定且快速的增长。

2018 年财报显示，格力电器始终坚持自主管控、互利共赢的销售渠道建设及合作模式，构建起稳固的线上、线下业务布局，线上线下两种渠道互补并深度融合，打造全渠道销售平台。在一、二级市场持续领先的情况下，同时加强对三、四级市场的开发和维护，完善各渠道专卖店建设布局。线上线下、乡镇城区 360 度全方位立体网点覆盖，为市场消费体验保驾护航。格力电器不仅与阿里、京东、苏宁、国美等保持良好的战略合作伙伴关系，还与恒大、华发等房地产商签署战略合作协议。同时，格力电器在国内拥有 26 家区域性销售公司和 4 万多家网点，在全国范围内建设有精品体验馆、格力生活馆、格力专卖店，为消费者提供产品及一体化智能家居解决方案，给消费者舒适的享受和家的体验，见表 7–1。

表 7–1　2018 年格力电器、美的、奥克斯空调销量

单位：台

	线上	线下	总销量
格力电器	350 万	1207 万	1557 万
美的	463 万	894 万	1357 万
奥克斯	589 万	153 万	742 万

中国其他空调企业与格力电器相比，海尔渠道略显多元化，主要是百货店和零售店，海尔工贸有限公司相当于总代理商。针对三、四级市场，海尔有自己的家电连锁日日顺电器。

美的销售模式则是将原有的区域销售中心转型为销售公司。[1]

家电行业专家刘步尘分析认为，在格力电器、海尔、美的电器渠道中，特点比较明显的还是格力。在格力电器，董明珠身兼三职并直接管理销售团队，中间不设副总裁，而格力电器3个副总裁中就有2个副总裁以及5个总裁助理全部负责工厂和技术。这种扁平化的管理方式让格力营销团队效率更高。稳定的渠道模式以及庞大的专卖店网络，使得格力渠道优势得到了充分的发挥。目前格力电器90%以上的空调产品都是通过自己的专卖店以及零售终端卖给消费者的。[2]

鉴于此，中国某些家电企业也试图自建渠道，以此打破自身的渠道瓶颈。2004年，格力电器与国美电器博弈后，激发了部分中国家电生产企业不约而同地自建渠道的热情。例如，TCL、美的、格兰仕等知名家电生产企业，纷纷表示要在三、四级市场发展自己的专营店，预期的开店数量都在数百家以上。

不过，家电生产企业也深知，自建渠道容易，但是维护自建渠道却很难。对于任何一家企业的渠道而言，必须重视其利润分配，正所谓“天下熙熙皆为利来，天下攘攘皆为利

---

① 参见崔婧：《渠道模式是格力成功利器》，《中国经济和信息化》2012年第10期。

② 参见崔婧：《渠道模式是格力成功利器》，《中国经济和信息化》2012年第10期。

往”。此前，格力电器与经销商共同创建“股份制销售公司”时，也同样面临这样的“利来利往”问题。

为了解决“利来利往”问题，同时也能有效地控制渠道，在创建“股份制销售公司”时，格力电器不仅是“股份制销售公司”的大股东，董事长还必须由格力电器一方出任。

此外，在出货方面，格力电器以统一价格对各区域销售公司发货，所有一级经销商必须从当地销售公司进货，严禁跨区销售。格力总部给产品价格划定一条标准线，各销售公司向下批发时，结合当地实际情况“有节制地上下浮动”。[①] 这不仅有利于格力电器更好地管理渠道，同时也给“股份制销售公司”管理人员更大的自主权，提高了经销商的忠诚度和销售热情。

查阅资料发现，“股份制销售公司”的渠道模式并非格力电器独家所创，作为家电企业的乐华曾经同样全面实现这种渠道模式，但是由于其处境窘困，最终被 TCL 收购。

乐华之所以失败，除了低端定位外，更重要的一个原因是，乐华对销售渠道的控制能力较弱。例如，乐华空调串货较为严重，经常从 A 市迅速流入 B 市，而且 AB 两地的价格相去甚远。

与乐华不同的是，格力电器对每一套空调都实行“明码

① 参见马红霞:《格力营销渠道模式解析》,《中国商界》2010 年第 7 期。

标记”，所有销售出去的产品和库存产品全部实现电脑控制，只要查询数据库，立刻就可知道每套空调的详细情况，有效地避免了竞相降价、窜货、恶性竞争的市场混乱问题。

例如，1997年，率先创建的湖北格力空调销售公司，不仅有效地规范了湖北地区格力空调的市场，保障了湖北经销商的合理利润，而且格力电器作为家电制造商也没有必要再建立独立的销售公司，节约了销售人员和分支机构的成本费用。“湖北模式”经过一段时间的实施，取得了期望的销售业绩，格力电器于是把“湖北模式”迅速地推向全国市场。

“格力搭建起销售公司创新性的管理模式，在中心城市建立格力形象店、旗舰店，凸显格力专卖店的品牌形象”

在如今的空调市场中，其竞争日趋激烈，异彩纷呈的明星广告，铺天盖地的价格大战，其背后隐藏的是各家空调企业实力的真实较量。

在渠道通路上，格力电器独创的销售公司模式引领着空调行业的销售变革，因为销售渠道运作能力作为空调市场竞争的重中之重，在很大程度上决定了今天空调市场竞争优势的大小。毫不夸张地说，“得渠道者得天下”。

在格力电器的渠道实践中，渠道营销就是营销经销商，甚至有专家撰文坦言，格力电器这种大客户政策根深蒂固的原因与中国特殊的国情非常吻合。

当然，格力电器之所以把经营思想建立在以经销商为主体的营销思路基础之上，源于格力电器高层领导对渠道销售的认识。

众所周知，厂家、经销商和消费者是市场的三个核心要素。把三个要素中的一个放在重要的战略位置，也就决定了不同的销售策略。在中国空调行业中，有些空调厂家把经销商作为其主导地位，因为购买决策权在消费者手里。

在朱江洪看来，在中国空调行业，把经销商放在主导地位更符合中国的国情。究其原因，是中国目前消费者的素质整体不高，消费心理不成熟，非常容易受到商家宣传的左右。生产企业知道产品的好坏，经销商也知道，而消费者不知道，只能通过问或者其他渠道了解。商家推品牌，要看品牌的张力。一个产品，商家当场演示给消费者看，消费者顺从的是商家。因此，商家是厂家和消费者沟通的桥梁。[①]

也正是格力电器重视经销商渠道，格力电器才能在重庆、湖北、河南等多个区域市场取得领先优势，而格力电器取得的业绩，离不开那些在当地有着相当品牌忠诚度的主要经销商的努力。因此，在格力电器努力控制经销商的同时，也尽可能地给予经销商足够的利益点，从而更好地维护了经销商的利益。

业内专家认为，格力电器的厂商联合体，具有很大的渠

---

① 参见李卫斌、李静：《对格力电器销售返利会计处理的分析与思考》，《财会月刊》2017 年第 20 期。

道优点，经过多年的运作，格力电器的区域性销售公司的营销模式已证明是应对价格战日益混乱、行业竞争日益加剧局面的最好营销模式。

事实证明，在格力电器 20 多年的发展中，区域性销售公司在规范和稳定市场竞争、保护经销商和消费者利益、维护行业健康有序发展等方面发挥了巨大的作用。时至今日，格力电器已在中国 30 多个省市推广了股份制销售公司的营销模式，使之成为格力电器领导空调市场的一个重要因素，不仅引起了经济界、理论界、企业界等权威学者的广泛关注，而且格力电器的营销模式还被誉为“21 世纪经济领域的全新营销模式”。

“2016 年财报”显示，格力电器在全国拥有 27 家区域性销售公司，在全球拥有近 3 万家专卖店。格力遵循“先有市场，再有工厂”，独特的渠道建设思路在家电业界独树一帜。2016 年，在巩固原有线下渠道的基础上，格力搭建起销售公司创新性的管理模式，在中心城市建立格力形象店、旗舰店，凸显格力专卖店的品牌形象，增强用户的消费体验。同时还在 2016 年原有各销售公司与国美卖场合作的基础上，与苏宁全面签约，进店数超 740 家。

随着中国电子商务网购产业规模迅速扩大，传统制造业加速与互联网对接已成为业界的共识。在此形势下，公司进行了格力品牌线上电商销售战略规划，巨资筹建了自有线上综合电商销售平台“格力商城”，重点布局京东商城、天猫商城、国美电器、苏宁易购等国内最具影响力的第三方电商平台，同时保持和国内 KA（Key Account）客户资源互享，在重大电商节点“6·18”“6·28”“双 11”“双 12”等取得辉煌的销售业绩，其中空调在京东平台高居家电行业同类产品销售榜首，晶弘、大松两大品牌在电商家电品类也表现优异。

2016 年，公司线上电商销售额 45.8 亿元（不含淘宝），同比增长 91.14%，其中京东同比增长 93.15%，天猫同比增长 84.42%；京东格力空调 2017 冷年（8—12 月）同比增幅达到 145.5%，2016 年“618 购物节”，京东格力空调销售突破 3.8 亿元,“双 11”购物节，空调突破 3.1 亿元，高居空调行业榜首。另据统计，2016 年“双 11”期间，格力线上线下累计销售额突破 34 亿元，比 2015 年同期增长近一倍。

二、"许多企业也开始自建专卖店渠道，说明专卖店是成功的，或者是正确的。这不是我董明珠说的，是市场说的"

在中国空调行业，渠道资源依然左右着空调企业的销售，需要过硬的产品质量、资金、品牌等因素来维护，甚至已经成为众多品牌企业争夺的焦点。

事实上，在一个渠道营销体系中，掌握渠道话语权的企业更具竞争优势，原因是渠道话语权不仅由终端的产权来决定，更本质的是渠道链条的"管理权"。不论品牌企业还是渠道商、代理商，谁拥有渠道的管理权，谁就拥有渠道的话语权。正是因为格力电器拥有较强的渠道话语权，所以才敢向国美、苏宁说"不"。这不仅需要自身的实力作后盾，更需符合自身的销售模式，因为渠道模式取决于市场需求。

对此，董明珠坦言："现在效仿格力的企业很多，例如许多企业也开始自建专卖店渠道，说明专卖店是成功的，或者是正确的。这不是我董明珠说的，是市场说的。这么多的企业效仿说明专卖店是合理的。学习的是先进的，不会学习落后的，因此我认为这种模式是先进的。"

“我们的专卖店越开越好，越开越多，我们是用诚信引导市场，专卖店成功在这里”

在中国家电连锁风起云涌的浪潮中，先是国美电器并购了永乐电器，合并后的市场份额占全国家电零售市场的比例最高不会超过12%，但在家电连锁企业中的比例已超过了50%，日渐形成寡头垄断的格局，许多家电制造企业越来越依赖家电连锁渠道。

然而，格力电器却始终坚持两条腿走路——与家电连锁企业、大卖场、超市、京东等电子商务网站合作，同时偏重自建渠道，在二级管理机构销售公司的支持下，全力发展专卖店。这种不依赖家电连锁企业、大卖场、超市的渠道模式，被研究者批评为落后的大户代理制渠道模式。

面对研究者的批评，董明珠回应道：“一个企业也好，一个流通领域也好，如果不能顺应市场的变化而变化，它就应该说是守旧的、落后的，只要它能够适应市场变化而改变，它就是先进的。”

在董明珠看来，一种模式先进与否，不是看它是不是跟经销商合作，而是取决于它是否适应市场的变化，即渠道模式取决于市场需求。在格力电器的渠道中，专卖店不仅承担对消费者的服务，同时也维护经销商及厂家的利益。

对此，董明珠坦言：“自建渠道并不是因为有国美之争有的，渠道早就有了。因为产品的特殊性，购买后要安装和跟踪服务，我们格力是六年免费服务，一定要跟踪到消费者，我们专业制造、专业销售和专业服务是一体化的，对消费者是有利的，因此我们的专卖店越开越好，越开越多，我们是用诚信引导市场，专卖店成功在这里。尽管很多的企业学习我们，也开专卖店，但是并不成功。”

格力电器在与家电连锁企业、大卖场、超市合作时，短期利益显然非常可观。例如，格力电器只要承担产品生产，售后安装及服务可以交给家电连锁企业、大卖场、超市等渠道，但是格力电器这样做可能会损伤消费者与经销商的利益，则长期的、可持续的利益不能保证。因此，格力电器在选择渠道模式时，总是依据格力电器自身的企业情况，及时地做出调整。

时任格力电器董事长朱江洪表示，格力专卖店的道路走对了。董明珠也称，综观世界，凡是高档的产品，无不拥有自己的专卖店，格力专卖店提供给消费者的不仅是优质的产品和专业的服务，还是一种品位和文化。在格力专卖店，广大消费者享受到的是一种从选型、设计、安装到维护、保养等全过程的专业、规范、人性化的服务。

几年前，一些空调企业也曾走自建渠道的道路，但最终无奈地以失败告终。近几年来，由于格力电器的渠道保证了良好的业绩，有些企业又开始走旧路，例如 TCL。2005 年，TCL 决定自建渠道，投资 2 亿元，成立幸福树电器连锁有限公司。

第一家分店就开在河北沧州。

当初，TCL的开店计划是，在3年时间里，幸福树的开店达到3000家。TCL对幸福树家电连锁的定位是，以特许加盟为主要形式，面向广阔的中国农村三、四级市场的家电零售企业。

管理专家撰文指出，幸福树电器采用“加盟+三、四级市场”发展模式简单地说有以下两个原因：第一,一、二线城市留给家电生产企业的渠道发展空间已经非常小，留下三、四级市场的空白，而三、四级市场电器消费总额占到全国的47%，连锁的份额几乎为零，市场容量巨大；第二，由于自身的资源有限，加盟连锁这种形式充分地利用了市场上的渠道资源，将三、四级市场上的家电专门店、夫妻档等各种资源充分地利用起来，自己建立如此庞大的销售体系基本是不可能实现的。[①]

“政府倡导公平竞争，格力的产品成本高，要求订高价，如果渠道商倚着店大气粗，大家互相不认可，就没法合作”

对于任何一家企业而言，完善的直销渠道是保证产品成功销售的关键因素。厂家生产的产品必须依靠渠道才能完成销售，即渠道在制造商与最终消费者之间架起了一道媒介的桥

---

① 参见吴媛媛：《家电生产企业销售渠道管理研究》,《企业经济》2008年第7期。

梁。因此，完善的直销渠道在整个销售中都起着举足轻重的作用。

在家电行业，销售的作用同样重要。从格力电器与国美电器的博弈可以看到，与其他家电企业相比，格力电器对目前流通领域正在兴起的大型销售商的依赖性相对较少。

可以说，格力电器与国美电器的较量，与格力电器区域性的营销模式有关。格力电器数年来由小到大、由弱到强，成为中国的冠军企业，靠的就是自建渠道。在空调行业原材料价格不断上涨、行业洗牌进程大大提速的情况下，格力电器始终保持着行业的优势地位，销量、销售额、利润和市场占有率均稳步提升。①

在中国家电行业的丛林中，各个家电企业为了抢占市场份额，都显出自己的拿手绝招来群雄逐鹿。在这样的背景之下，格力电器为了更好地生存和发展，不仅特立独行地坚持专业化经营，还坚持多元化渠道合作。②

这里，我们来看记者与董明珠的一段对话：

记：格力曾叫板国美、苏宁等寡头渠道商，让业界震撼。如何看待与渠道商的关系？

---

① 参见赵卫卫：《格力空调的营销渠道分析》，《现代企业教育》2007 年第 20 期。

② 参见庞亚辉：《格力渠道蝶变》，《中国商业评论》2006 年第 1 期。

董：这是格力被认为最关注的话题。目前格力自建3500家专卖店，成为销售的主要支撑点。我们的政府号召自主创新，企业在创新过程，不是简单技术、管理、人才创新，还得加强营销的创新。是否能实现这个创新，关键是心态问题。很多企业首先想到把别人都打倒、都打死，这是不符合经济规律的。实际上长远来看，消费者、经销商、企业、国家，四者皆赢才是正路。

记：有厂家反映，目前存在渠道商打压厂家定价的现象？

董：政府倡导公平竞争，格力的产品成本高，要求订高价，如果渠道商倚着店大气粗，大家互相不认可，就没法合作，这是一个斡旋的过程。流通企业决定厂家价格，在广州，某个产品卖一千，门店需要利润，厂家只能内部结账。这种现象还是存在的。但有个经济学家说过，某个事件的发生，在整个事件发展中是必然现象，对于品牌生命力而言，第一要诚信，第二要让消费者满意，有质量保证。这样就不怕受到打压。

在董明珠看来，凭借相对清晰的股份制产权关系，格力电器创建的“股份制销售公司”渠道模式解决了生产企业和经销商创造利益和利益分享的问题，有效地发挥了各区域经销商的积极性。

主要优点有：（1）业务方面，在各地成立的销售公司仅仅是格力电器的一个营销渠道而已，其业务受格力电器总部的管理；（2）形式方面，在各地成立的销售公司，具有独立法人资格，这就意味着销售公司是一个产权非常明晰的企业，销售公司拥有独立的、良性的产权激励机制。

此外，品牌和市场都由格力电器提供给销售公司，并实施监督。其他权力一律下放给销售公司，具有很大的自主权。例如，“股份制销售公司”自主地制定价格和销售政策，不仅提升了各经销商对格力品牌的忠诚度，统一了价格体系，而且还真正地成为利益共同体。[①]

“到目前为止，可以说国美、苏宁两家占了格力整体销售也就不到3%，即使能进去卖，我们也不指望他们能卖多少”

在中国空调企业的营销模式中，一种是完全依靠传统的卖场和连锁渠道，另一种是凭借自身的实际情况自建渠道，同时依托传统渠道。

至于选择何种渠道模式，中国空调企业不应盲目跟风，需要评估企业自身的情况而定。格力电器就属于后者。在格力电器的发展中，除了格力电器的品质和技术之外，通畅的渠道

---

① 参见庞亚辉：《格力渠道蝶变》，《中国商业评论》2006年第1期。

如虎添翼，自建渠道更是立下了汗马功劳。

自从2004年与国美电器彻底决裂后，格力电器加大了自建专卖店渠道的建设。第一，通过增资扩股，格力电器加强了对各地分公司的控制力度。具体做法是，格力电器通过控制分公司，从而控制专卖店。第二，格力电器为渠道商提供了更好的完善服务，包括店面装修、导购培训、服务培训等。

在上述两个方法的作用下，格力电器拥有了数千家店面整洁漂亮、统一门面、服务规范、周到服务的专卖店。

格力电器的做法也得到了市场和消费者的认可。2005年2月24日，格力电器公布了2004年度报告。报告显示，2004年格力电器实现销售收入138.32亿元，比2003年增长37.74%，实现净利润4.20亿元，比2003年增长22.74%，净资产收益率达17.24%。

在格力电器自建渠道的影响下，一些空调企业开始纷纷自建渠道，如美的、TCL等。在这一轮自建渠道中，美的发动“乡镇空调普及革命”，计划投资1亿元，在中国数万乡镇建立起1万家美的空调经销商网络。

2004年6月5日，TCL集团高层声称，TCL正在紧锣密鼓地筹备其幸福树电器连锁卖场。这样做，可以在三、四级市场避免“像一、二级市场那样被国美、苏宁、永乐等大肆压榨厂家利润”的悲剧。一时间，“得乡镇者得天下”似乎成了空调企业的集体共识和市场竞争的新规则。[①]

面对新一轮的渠道建设，格力电器利用自身的优势加大了专卖店的建设。据朱江洪介绍，格力专卖店、专营店忠诚度高，目前整个格力专卖店的销售占格力总体销售的70%—80%，大商场只占很少一部分。朱江洪当时对外宣称：“到目前为止，可以说国美、苏宁两家占了格力整体销售也就不到3%，即使能进去卖，我们也不指望他们能卖多少。”

在这一轮自建渠道的浪潮中，一些企业的自建渠道最终夭折，其实还是没有考虑企业本身的需要。因此，不管格力电器还是其他家电企业，自建渠道都必须评估自己的实际情况，真正地依据需要而建。

---

① 参见马瑞光：《渠道革命下的格力国美之争》，搜狐网，2006年2月20日。

三、“我们创造出格力专卖店这一独特的渠道模式，通过多年经营，逐渐形成了以城市为中心、以地县为基础、以乡镇为依托的三级营销网络”

2019 年，是格力空调畅销的第 28 个年头。这一年，格力电器以销售收入超过 2000 亿元的成绩，继续领航国内空调业。在家电领域，当很多品牌都踌躇不前时，格力电器保持较高的利润率，逆势而上。

总结格力电器取得的这些成就，董明珠直言应该归功于其 20 多年来建立起来的分销网络。董明珠在回答《瞭望东方周刊》记者对格力销售网络的提问时说：“我们创造出格力专卖店这一独特的渠道模式，通过多年经营，逐渐形成了以城市为中心、以地县为基础、以乡镇为依托的三级营销网络，提升了对供应链终端的掌控能力。竞争激烈、家电渠道商挤压厂家利润的形势下，销售连年增长。”在董明珠看来，格力电器的渠道优势，已经成为其他竞争对手难以追赶的一个方面。

“我们的模式在中国的各个省都组建了销售公司，我们希望在世界各个国家都寻找优秀的合作者组建销售公司”

不可否认，格力电器的渠道模式为其高速增长作出了巨大的贡献，但是随着格力电器的发展，渠道变革也就成为一件理所当然的事情。

众所周知，渠道变革对于任何一个空调企业而言都是一件至关重要的大事情，牵一发而动全身。正是因为看到渠道变革的重要，格力电器才发动了渠道革命。

对此，董明珠在接受采访时说道：“我们的模式在中国的各个省都组建了销售公司，我们希望在世界各个国家都寻找优秀的合作者组建销售公司，我们希望在全世界每个角落和每个房间安装的都是格力空调。这个目标别人看来没有什么了不起，对于我来说是伟大的目标。我希望通过我们的产品，让中国以外的人来感受到中国的形象，甚至可以感受到中国的严谨。”

格力电器脱胎换骨的渠道革命，终于让格力电器创建了“区域股份制分公司制”的渠道模式。如前所述，“区域股份制分公司制”将格力电器的利益与代理商的利益捆绑在一起，最终形成紧密的厂商利益共同体。不仅拒绝了价格战，而且在空调价格战中凭借上下一心、上行下达的组织架构，打赢了一场场生死攸关的大战役。

家电产业观察者庞亚辉撰文谈到了格力电器渠道的核心，

他认为，格力空调的销售模式并不神秘，成功的关键因素有三点：一是淡季贴息返利，年终返利，甚至不定期返利政策，也就是说，经销商做格力空调等于进了保险箱，不会亏本；二是格力的“股份制区域销售公司”模式，通过相对清晰的股份制产权关系，很好地解决了利益创造和分享的问题；三是格力诚信践诺、制度严谨、执行到位的企业文化的张力，能够聚拢一批大户经销商一起打拼市场。

当格力电器的销售规模达到1200亿元，同时达到销售额每年200亿元的增加后，无疑要求格力电器进行渠道变革，它不仅谋求区域分公司的控股股东地位，而且欲将渠道权牢牢地控制在格力电器自己手中。

为了使格力电器的渠道变得更加高效，董明珠渠道变革的重点是，在中国成立了一家名为“盛世欣兴”的贸易公司，将各地的销售权转入其中。而董明珠的此种做法被认为是在分代理商的权。

由于分公司的股权变更过于复杂，董明珠这样做更有利于格力电器的渠道变革。庞亚辉坦言：“董明珠的真实意图非常明显：通过吸收其他实力小的经销商参股，削弱原大股东的地位，这样股东均为小股东，不足以跟格力叫板，操控权便牢牢地掌握在格力手中。”

格力电器凭借自己与二、三级经销商的良好合作关系，将那些捣乱的代理商清除出格力电器的渠道队伍，然后重组各地的销售公司，从而有效地将渠道控制权抓在自己手中。正是通过这种渐进式的渠道变革，格力电器不仅避免了渠道剧烈动荡，还实现了业绩高速增长。

“传统和不传统主要在于思维，要拥有核心的竞争力，即你能创造出更多让人们更美好生活的产品，这就是一个品牌的价值”

对于渠道变革，董明珠直言：“一个制造业要能改变自己，改变别人。首要改变的是自己，传统和不传统主要在于思维，要拥有核心的竞争力，即你能创造出更多让人们更美好生活的产品，这就是一个品牌的价值。而制造端和渠道端的关系应该是协同发展。”

自格力电器创建“区域股份制分公司制”以来，对代理商的夺权就没有停息过。当该模式取得成功后，许多家电企业纷纷效仿，但是大多数家电企业不成功，在构建专卖店平台时遭遇滑铁卢。

格力电器的渠道模式与董明珠的个性和能力有关。自1994年担任格力经营部部长以来，董明珠以铁腕治理渠道乱象，使格力电器走上快速增长之路。其强势和果断，被业内人士称为董明珠“走过的路不长草”。董明珠的行事作风，恰恰是格力渠道变革最重要的保障。格力电器之所以敢在2004年叫板国美、对抗国美甚至退出国美，除了强大的渠道能力外，一个重要原因就在于董明珠强硬的性格。

2003年，格力电器就进行了一场看似平静的渠道变革——逐步削弱各省大经销商的话语权，直接加强与二、三级经销商的合作关系。这样的变革无疑会冲击“股份制区域销售公司模式”的渠道模式，尽管此种渠道模式在多年的“空调大战”中立下了不小的功劳，但是对于想要成为世界冠军、“特立独行”的格力电器来说，这样的变革无疑是必须的。业界分析人士认为，对于其原有的各省一级经销商而言，则意味着被架空的危险，他们生意的转型将成为必然。①

当然，格力电器这样做，还是因为格力电器与越来越强势的地方销售公司发生了矛盾。例如，湖北地区分公司的某些人想用“偷梁换柱”的手法，将格力电器的资源转移到个人注册的小公司中去，损害了格力电器二、三级经销商的利益。但湖北分公司的经销商却认为，格力电器脑子里的“帝王意识”日渐增强，根本不把各地的销售公司放在眼里。②

在这样的背景下，格力电器的“削藩”也是事不宜迟。正如董明珠所言，在盈利为第一要义的前提下，这种变革或许是不以人的意志为转移的。

① 参见彭浩：《珠海格力电器股份有限公司营销渠道改进研究》，硕士学位论文，湖南大学，2012年。

② 参见李明、黄晗、陈涛：《浅议格力渠道模式变革》，《科技创业月刊》2004年第6期。

不过，为了使之更好地服务格力电器，格力电器不断地调整与完善销售模式再正常不过，在部分区域市场成为销售公司的大股东，完全是根据当地市场的需要，最终是为了当地市场的健康发展，为了当地二、三级经销商的最大利益。①

众所周知，格力电器的渠道扁平化变革，不仅削弱了地方销售公司的控制权，同时还革了总代们的命。这种“杯酒释兵权”的办法让格力电器非常顺利地进行了渠道革命。

无独有偶，在空调行业中，擅长价格战的奥克斯同样在2003年取消了省级总代理，将渠道直接深入二、三级市场。据一位空调企业的市场部经理透露，两年前的近200家空调大企业的省级总代理商目前正在失去“省级资格”，并逐步成为“区级代理”。②

这样的变革可能让一些经商销不满，因为曾经是一个战壕的战友，肩并肩开拓市场，而今说砍就砍。对此，帕勒咨询公司资深董事罗清启分析认为，决定渠道模式的是产品的利润，并不是市场规模。如果现有的利润供养不了那么多渠道，砍掉则是必然的趋势。

罗清启还分析了格力电器的变革举措。他认为，由于渠

① 参见闫荣伟：《格力削藩一级经销商　渠道扁平化革了总代的命》，《中国经营报》2003年11月24日。

② 参见黄君发：《面对渠道扁平化和超级终端的压力，经销商如何抉择》，《中国建设信息供热制冷》2007年第4期。

道模式带来的成功，市场一直对格力的渠道模式有某种程度的神秘感，实际上这种渠道模式并不复杂。其主要特点是把区域内大的经销商捆在了自己的船上，这在产品相对短缺、渠道为王的时代具有重大意义，它可以最大限度地利用当地的渠道资源强化自己的销售。[①]

“格力选择商家一定要选择志同道合的，我们的营销模式是不以营利为目的，以优质服务取胜的营销模式”

格力电器对销售公司股份进行一定的调整和变革，而非单纯地“剥夺销售公司中经销商股东的话语权”。之所以说渠道变革势在必行，主要是因为市场在快速变化，企业的营销模式也应该随之变化，不断适应新的市场环境。因此，格力电器渠道变革的目的在于谋求更长远的利益考量。

当然，此次格力电器“削藩”，其目的还是尽量地减少流通环节，让渠道更加扁平化，“削藩”一级经销商就成为一种务实的做法。对此，时任科龙副总裁的严友松分析认为，随着空调利润的不断走低，空调企业必须不断减少流通环节才能足够获利。因此，格力电器“削藩”一级经销商是向二、三级经销商挺进的一种表现。即格力电器逐步越过各省大的经销商，直接与地区级和县级大的经销商打交道，这样就减少了流通环

---

① 参见闫荣伟：《格力削藩一级经销商　渠道扁平化革了总代的命》，《中国经营报》2003 年 11 月 24 日。

节，降低了销售费用。

格力电器此举是在渠道上进一步精耕细作。因为在竞争日趋激烈的空调业，利润越来越薄，其他品牌都只有两道环节，唯独格力电器有三道环节——中间的销售公司作为一个利益主体，摊去了一块巨大的利润。格力电器此次变革的目的，是把这块利润拿回来。因此，格力电器逐步抛开大的经销商，重心向下转移，直接与二、三级经销商合作，这样做也不失为明智之举。

董明珠表示，对这些销售分公司会加强监管，督促它们提高服务水平。董明珠认为，如果以前格力电器的销售分公司纯粹是利益的结合体的话，那么现在股东入股销售分公司就不是为了利润，而是服务。销售分公司这一层是不留利润的，它得到的只是合理的劳务费用，以及品牌提升带来的价值，市场要求股东在更高的层次上与工厂紧紧结合在一起。在盈利为第一要义的前提下，这种变革或许是不以人的意志为转移的。

另外，格力电器调整渠道策略，目的就是积极应对国美电器和苏宁电器。由于格力电器的“股份制销售公司”渠道模式限制了局部区域的市场竞争，无疑造成了经销商在没有激烈竞争的背景下形成了惰性，自然也不可能在终端渠道上大力开拓，加上经销商对产品的市场预期过于乐观，漠视竞争，节奏缓慢。

这都可能给格力电器的监控造成重重困难。在经营过程中，容易出现参与组建区域销售公司的经销商的违规操作，损害合资公司以及格力的利益。这会让更多的经销商参与到违规操作中去，从而腐蚀整个销售公司的凝聚力和战斗力。

此外，格力电器尽管将各地经销大户捆绑在一起，但是这些经销大户在争夺市场中存在各种不同的意图，加上各股东在合资公司内部股份不尽相同，区域销售公司内部股东矛盾比较尖锐。这使得区域销售公司内部可能出现内斗的问题。

相比之下，以国美电器、苏宁电器为代表的新兴家电连锁企业正在布局中国。截至 2013 年，国美门店总数（含大中电器）达 1063 家，覆盖全国 256 个城市，同时国美还有 542 家非上市公司，因此国美集团总门店数为 1605 家。

苏宁电器的连锁网络覆盖中国 300 多个城市，拥有近 1500 家连锁店。在重庆，国美和苏宁已经与重百和商社平分天下，这对于格力电器各个销售公司网罗的经销大户来讲，无疑是一种现实的危机，格力电器不得不进行渠道变革。

格力电器在选择与“美苏”合作时，必须遵循商业流通领域的游戏规则，谁强谁当主。在上一轮的博弈中，因为董明珠的渠道变革，赢下了一局。不过，在商场上，没有永远的敌人，也没有永远的朋友。当年，董明珠对国美强硬不过是一种姿态，而今当彼此的利益出现交集时，合作是不可避免的大趋势。因此，对于未来的渠道变革，格力电器必须不停地调整策略，探索新模式，尽快使自己成长起来，壮大起来，方有继续成就未来的希望。

第八章

超越对手：领跑一线品牌，实现国内市场“八连冠”

我们的磁悬浮中央空调，磁悬浮是什么概念呢？我们最早的一代双机压机，在人民大会堂装完以后节能 32%，你们还是崇洋媚外吗？今天听完还崇洋媚外吗？不会的，因为人民大会堂原来用的是国外的，我们大家认为在这个行业是顶级品牌的，换上格力双机变频压力机的中央空调节能多少？32%。如果一年用一亿的电费，我们就可以给它节约 3200 万元。随着我们的技术进步，并没有停滞不前，我们继续在开发，开发磁悬浮的中央空调出来又是什么改变呢？我们在安徽一个政府 3 万平方米的大楼，原来每天是 1 万元电费，现在换上磁悬浮中央空调以后它的电费只要 3700 块钱。我们按照这个速度计算，如果中国的政府大型场所改造完以后就格力这项技术，可以给我们中国节约 200 亿元的电费。听完你们换不换？一定要换。

——格力电器董事长　董明珠

一、2009冷冻年国内市场仅留下29个品牌，又有5个空调品牌被无情淘汰，2个空调品牌面临退市风险

在如今“快鱼吃慢鱼”的时代，由于中国空调品牌企业的竞争过于激烈，只有那些拥有核心技术的空调企业在乱世中脱颖而出。据行业专家分析，在中国空调行业中，其竞争大概经历了如下三个阶段：第一个阶段是10年前，是卖方市场的生产竞争阶段，代表企业是万宝、华宝等；第二个阶段就是近3年，比拼价格与网络的营销制胜阶段，代表企业是奥克斯、东洋等；第三个阶段从2003年开始，比拼的是资本、技术与品牌的综合实力阶段，代表企业是格力、志高、美的、海尔。[①]

在这三个阶段中，中国空调行业的品牌集中度再进一步，不仅凸显中国空调行业竞争的日趋激烈，也意味着众多空调企业在洗牌中倒下。统计数据显示，2009冷冻年国内市场仅留下29个品牌，又有5个空调品牌被无情淘汰，2个空调品牌面临退市风险。而就在10年前，中国空调行业曾活跃着400

① 参见施新亚：《洗牌，能否终结空调“流血时代”》，《扬子晚报》2005年8月6日。

多个品牌。短短10年时间，市场淘汰了近95%的品牌[①]，其惨烈程度不言而喻。

在这几轮较量中，倒下的不仅仅是中国本土空调企业，近几年，日韩、欧美空调企业也在渐渐败退中。在中国本土空调品牌企业的强势夹击下，外资空调品牌企业在中国市场的生存和发展空间被严重挤压，其中韩系空调败退的迹象最为明显。最先退出中国市场的是三星空调。

2012年6月，三星空调被曝退出中国市场。之后，乐金（LG）空调也被曝退出中国市场。国美电器、大中电器、苏宁电器等大型家电连锁已不再销售乐金空调，即使在主流的电商渠道——当当网、京东商城、亚马逊，甚至在天猫乐金官方旗舰店中，也都没有乐金空调出售。在乐金电子中国官网公布的专卖店名单上，也没有找到一家乐金空调的经销商，乐金官方的多名客服在不同场合均表示，2011年乐金空调就退出中国市场了。

的确，如今空调行业的比拼不仅包括资金、品牌、技术研发，还包括管理水平、渠道管理等，这全然是空调品牌企业综合实力的较量。而两家韩系巨头的空调产品退出中国市场无疑让一些研究者如雾里看花，但是却印证了中国空调行业哀鸿遍野的竞争态势。

---

① 参见李薇、潘建:《中国空调品牌十年淘汰95%　变频将推动行业发展》，《北京商报》2009年9月18日。

截至2006年8月，17个空调品牌从市场上消失，具体的空调品牌是阪神、长岭、飞鹿、威力、西格玛、小鸭等

在一次又一次的空调“寒冬”中，中国空调业已全面洗牌。典型的特点是，周期缩短，次数变多，竞争动态化，进攻性措施更新，竞争武器和竞争策略的组合转向。

在这样的语境下，格力电器在空调的丛林中找到了自己的位置。回顾改革开放后中国空调市场的竞争，空调业的发展经历了从草莽时代到如今的精细阶段，空调品牌也从当初的400个降低到目前不到10个，其淘汰率近乎达到97.5%。然而，这生存下来的空调品牌，如格力、美的、海尔，却占据中国70%的市场份额。从这个变化可以说，中国空调品牌已进入寡头时代。

中华人民共和国工业和信息化部公开的统计数据显示，2015年，中国家电业总收入达14083亿元，较2014年有所下滑，微减0.4%。但是家电行业的净利润有所增加，达到993亿元，较2014年增长8.4%。

分产品看，2015年，中国企业共计生产家用空调10385万台，同比下降12%；累计销售10660万台，同比下降8.6%；累计出口4373万台，同比下降6.2%。见图8-1。

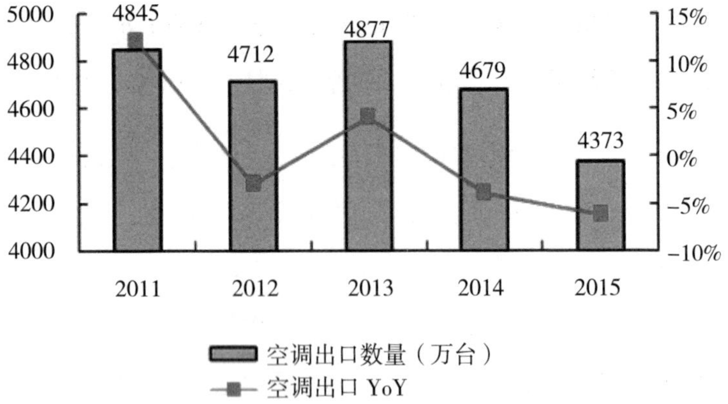

图 8-1　2011—2015 年中国空调出口销量对比图

由此可见，2015 年的中国空调出口下滑幅度较为明显，空调业的出口彻底进入寒冬。为了拓展自己的市场份额，价格战在空调业的销售中此起彼伏。公开数据显示，2015 年元旦期间，空调市场的促销中，商家大幅度降价，其平均价格维持在 4013 元左右，而到了 2016 年 4 月中旬，空调市场的平均价格为 3880 元，降幅 3.4%。

面对惨烈的价格战，格力电器凭借自己的优势拿出了一份漂亮的成绩单。格力电器 2016 年第一季报的数据显示，2016 年 1—2 月空调行业实现销量 1447 万台，同比下滑 11.3%，但格力电器下滑的趋势已近停止。

空调业巨大的产能相对于日渐饱和的空调拥有率而言，库存问题将是长期的，价格战仍难以避免，因此行业赢家除了进一步维护品牌外，在产品智能化、产品能效比、产能压缩、渠道压缩与转移等环节的全线竞争力也十分关键。

对于中国企业而言，核心技术一直是它们发展和壮大的“瓶颈”。然而，经过多年的痛定思痛之后，中国空调企业开始重新关注和重视空调的核心技术。不仅如此，一些空调企业还提出空调能效比升级概念（能效比是空调的核心功能效率，即制冷制热性能，是衡量其技术水平和使用成本的根本指标），有的空调企业提出空调应该环保、节能、舒适等。

在大势所趋的背景下，一些空调生产企业意识到高效节能性空调的良好发展趋势，纷纷对空调器的制冷制热系统进行优化设计，采用新技术、新工艺，全面提升空调器的效率水平和性能质量。如格力电器、青岛海尔、广东科龙等，将高效节能作为产品开发的重点，且该类型产品的比重越来越大。因此，在空调行业的丛林中，谁能生存和发展下去，不是取决于竞争对手，而是自己。

在硝烟弥漫的竞争中，特别是在空调市场低迷的时刻，一些空调企业由于缺乏核心技术，加速了其消亡的过程。国家信息中心信息资源开发部发布的《2006 年度国内重点城市空调零售市场白皮书》显示，在中国 156 个城市、1100 家专营连锁店，以及百货商场中，截至 2006 年 8 月，17 个空调品牌从市场上消失，具体的空调品牌是阪神、长岭、飞鹿、威力、西格玛、小鸭等。

这组数据说明了这些消失的品牌大部分都是二、三线品牌，其中包括“三八工厂”（3月开工、8月停产）。

金融危机之后，持续的原材料价格暴涨、劳动力成本上升都加速了空调市场的洗牌。相比之下，那些“三八工厂”、非知名品牌空调企业的生存就显得异常艰难，生存空间不仅越来越小，而且逐步淡出消费者的视线。

究其原因，主要集中在两个方面：第一，“三八工厂”、非知名品牌空调企业由于缺乏核心技术，所生产的产品自然就缺乏核心竞争力，加上品牌知名度又不高，无疑号召力就不强，在营销投入上也不能与空调巨头相提并论，仅仅凭借低价策略销售；第二，像美的、海尔等一线主流厂商不惧价格战，相反，还可以凭借强大的生产规模和资金后盾，在价格战中占据主动。

在这样的竞争背景下，一些耳熟能详的品牌空调接二连三地吃败仗，市场份额萎缩再萎缩，其中一些甚至黯然退出。

与之相反的是，在这几轮空调竞争中，格力、志高、美的、海尔等少数空调品牌保持了强劲增长。在空调品牌大浪淘沙，竞争残酷的丛林中，格力电器在专业化、核心技术创新基础之上，赢得了市场，也领跑着中国空调业。

到了2011年以后，格力、海尔、美的三大空调巨头已牢牢控制了中国七成以上的市场份额

在中国市场上，空调产业格局经历了春秋战国时代，众

多空调品牌“百花齐放，各有所长”的历史已经结束。随着制冷技术的发展、产业格局的日益成熟以及渠道销售市场的开拓延展，中国市场空调行业产业格局也在发生着日新月异的变化。

历经数年的市场竞争，从最初的400多个空调品牌，到如今的格力、美的、海尔“三国鼎立”。中国家电业在全行业及多个产品领域形成寡头垄断的市场结构，由此形成三大巨头+两小巨头格局。所谓三大巨头，是指美的、格力电器、海尔，其利润超过全行业利润过半；所谓两小巨头，是指TCL、海信集团。

根据公开的2018年财报数据，在收入规模方面，格力电器2018年营业总收入2000.24亿元，首次突破2000亿元大关，同比增长33.33%；归母净利润262.03亿元，同比增长16.97%；每股收益4.36元，同比增长17.2%。

美的集团2018年度实现营业总收入2618.2亿元，同比增长8.23%；归母净利润202.31亿元，同比增长17.05%；基本每股收益3.08元，同比增长15.79%。

可以看出，美的集团的营业总收入依然高于格力电器600多亿元，但增速有所放缓；格力电器归母净利润领先美的集团约60亿元，赚钱能力更强，但与2017年相比，格力电器归母净利润增速也呈现放缓。

相比美的、格力电器和海尔，长虹、康佳虽然名列前十，但与美的、格力电器、海尔的差距已经十分遥远，而小天鹅的进步最大，收入进行业第九，利润进行业第五，见图 8–2 和图 8–4。

在家电企业的前十中，除了行业收入，行业利润也进一步向巨头集中，美的、格力电器、海尔合计利润约占全行业 80%，见图 8–3。

在利润端排名中，格力电器的利润 263.8 亿元，占比第一，见图 8–4。

这样的数据更显示出在经过数次大浪淘沙后，中国空调行业只有拥有资金、品牌、技术研发、管理水平、渠道管理等才能生存和发展。

如前所述，在中国空调的三个竞争阶段中，如今的空调

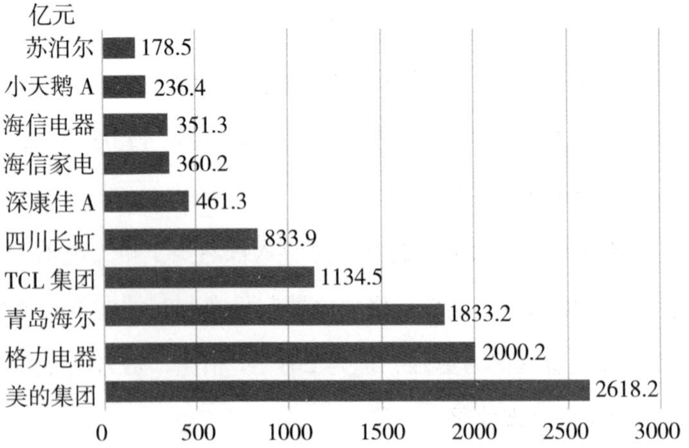

图 8–2　2018 年家电业收入规模前十大公司

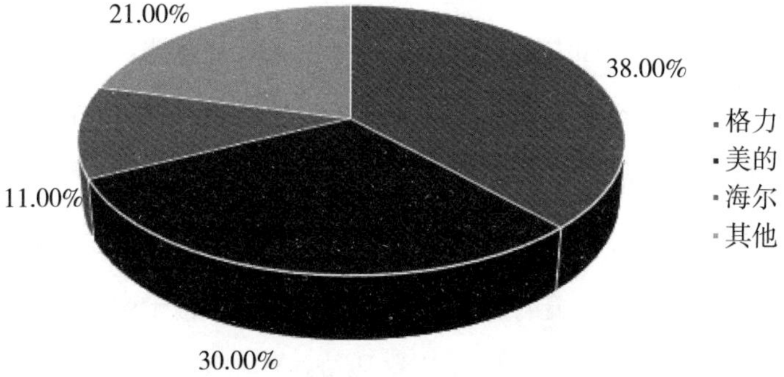

图 8-3　美的、格力电器、海尔占全行业利润比近 80%

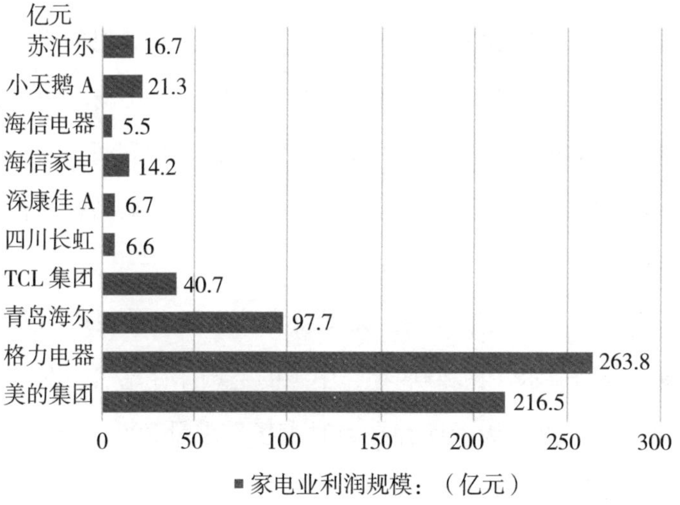

图 8-4　2018 年家电业利润规模前十大公司

企业不仅需要资金，更需要技术，这样才能更加有效地降低成本和提升空调产品的质量。一旦没有资金和技术，完全凭借价格战与跨国公司和中国巨型企业较量，无疑是以卵击石。

反观中国空调价格战的历史，20 世纪 90 年代，中国家电企业凭借价格战，打败了日韩欧美等跨国企业。正是因为这样的经验，中国空调企业再次利用价格战来争夺中国的空调市场。而今天格力、美的、海尔的“三国鼎立”源于中国空调企业倾向于价格战，然而，在价格战策略鏖战的 10 多年中，有 95% 以上的空调品牌企业却因为价格战把自己给淘汰了。

20 世纪 90 年代，空调这个奢侈产品进入中国市场时，中国改革开放已有 10 多年，众多先富起来的创富者拥有强劲的购买力，空调产品的消费潜力超出很多企业经营者想象。

由于进入空调生产的门槛较低，市场需求旺盛，为了从空调产品市场中分得一杯羹，最大化地追求短期利润，一些企业于是跟风生产空调产品，在鼎盛时期，中国空调品牌竟然有 400 多个。

盲目上马空调生产线，无疑就导致空调产品的产能严重过剩。数据显示，在 2003 年，中国的空调库存竟然一度达到 3000 万台。这个天量库存在当时市场需求量 2000 万台的时刻，居然剩余 1000 万台。

过剩的产能必然导致供需失衡，为了抢占市场份额和消化过高的库存，从而保持充裕的现金流来保证企业的正常运营，1996年，一些空调企业就开始实施价格战营销策略。在连绵不绝的价格战中，中国空调品牌就开始了丛林“快鱼吃慢鱼”的淘汰之路。

然而，在这条价格战道路上，其实所有空调厂商都受到了较大的冲击，这也让各个空调企业的命运频生变数。

在第二轮的价格大战中，特别是在2003年，中国空调行业的重组问题尤为突出。主流空调企业以格力、美的为代表，凭借规模、质量、渠道、成本等综合优势，进一步奠定了在空调行业的主导地位。

经过数次较量，到了2011年以后，格力、海尔、美的三大空调巨头已牢牢控制了中国七成以上的市场份额，至此，中国空调行业历经10年春秋大战，格力、美的、海尔的“三国鼎立”格局形成。[①]

---

① 参见赵萍：《三巨头占七成市场 空调业进入寡头时代》，《华西都市报》2013年6月4日。

二、“由于我们掌握了核心技术，格力提供给人民大会堂的中央空调，可以说世界第一，因为比世界知名品牌的空调节能 32%”

在中国中央空调市场，格力电器正以惊人的速度取得逆势突破。2020 年 1 月，《暖通空调资讯》发布的 2019 年中国中央空调市场报告显示，2019 年格力中央空调市场份额达 14.7%，实现国内市场的“八连冠”。从这份数据可以看出，格力电器在中央空调领域已经超越诸多竞争对手，成为名副其实的中央空调霸主。

之前，在一个论坛上，董明珠说道：“在中国的家电行业，我们也不是一开始就有自己的技术的，因为在 2005 年以前没有自己的压缩机厂。我们熟知的上海日立、广州夏普、广州松下，海尔、三菱、美的、东芝等都带有合资的影子，依赖于别人的技术。2005 年以前，中国没有变频空调，只有定频空调，而且这种定频空调还没有能效等级，也就是说我们拿来了别人落后，甚至是淘汰的技术在中国为我们市场服务，我们只是一个加工企业。……然而，当我们掌握了核心技术，格力提供给人民大会堂的中央空调，可以说世界第一，因为比世界知名品牌的空调节能 32%。什么概念？就相当于人民大会堂使用国外的顶级品牌，假设一年电费1亿元，如果使用格力双机变频压缩机的中央空调，电费能省3200万元，这就自主创新的价值所在。”

“过去20年，格力空调从家用空调延伸到商用空调，已经做到了600亿元的销售规模，我觉得商用空调领域我们还可以增加300亿元、400亿元的销量”

在中国中央空调市场上，对于格力电器来说，2012年可以说是重要的一年，因为格力电器在中央空调市场上击败洋品牌，成为中央空调的领导者。

《暖通空调资讯》发布的“2012年度中国中央空调行业发展分析报告”显示，2012年度，民族品牌格力超越大金，以14.3%的市场占有率，成为我国中央空调市场的销售冠军。这正式宣告，我国中央空调产业经过数十年的发展，民族品牌首次屹立于行业的最高点。[①]

一位业内资深人士表示：“这意味着中国掌控了中央空调的最高技术，进而引发中央空调市场的格局重建，从技术到市场，中央空调行业正式进入‘中国时代’……格力电器能够后来者居上，主要得益于格力率先掌握了大型中央空调的核心技术，并将其大规模产业化。节能环保是未来中央空调市场的发

① 参见钱玮珏：《格力开创中央空调“直流变频时代”》，《南方日报》2013年3月18日。

展趋势，而格力电器恰恰开创了大型中央空调直流变频的时代，牢牢掌握了行业的话语权。”

2013年，格力中央空调再次登上市场占有率第一的冠军宝座。有关资料表明，家用中央空调在欧美、日本较为普及，如公寓、住宅、别墅已经普遍使用了家用中央空调。在美国，家用中央空调的使用率超过了70%。在邻国日本，家用中央空调的使用率也超过了50%。

然而，在中国，家用中央空调的使用率仅占5%左右，甚至更低。不仅如此，大规模地兴建高铁、机场、剧院、大型综合购物广场等大型公共建筑，传统制造业企业也在扩大生产规模，这些都为格力电器发力中央空调创造了条件。

格力电器董事长董明珠在接受媒体采访时表示：“过去20年，格力空调从家用空调延伸到商用空调，已经做到了600亿元的销售规模，我觉得商用空调领域我们还可以增加300亿元、400亿元的销量。”

为了更好地展示家用中央空调，格力电器在华南区建成首家i-feel center中央空调智能体验中心，旨在满足日益增长的家用中央空调市场需求。

在首家i-feel center中央空调体验中心，格力电器引进了大量中央空调产品实机进行展示和互动，不仅如此，格力电器还采用多媒体形式演示其产品优势。可以肯定地说，格力电器创建体验中心，在专卖店渠道开拓上仍处于探索中。

为了让消费者体验格力电器的产品，该店引进格力多样产品机型，展示高端的螺杆、模块、多联机及多联热回收热水机等技术性能，家用空调方面，睡美人、U系列和I系列都能在现场体验。

格力中央空调之所以能够登上冠军的宝座，是因为凭借的核心竞争力不仅仅是渠道和管理，核心科技起到了非常重要的作用。正是因为格力电器研发了多款产品，才成为中央空调市场炙手可热的明星。

格力电器网站公布的资料显示，格力中央空调拥有十大系列，1000多种品种规格的产品，涵盖多联机、大型中央空调等领域，是目前世界上产品规格最齐全的中央空调厂家之一，能够为全球客户提供最节能、最健康和最舒适的中央空调系统解决方案。[①]

“中国强大必须要有自己的核心技术，总有一天外国人到中国来上学，总有一天中国的技术走上世界，为世界去服务，这就是中国制造”

自2012年首次打破国外品牌的霸主格局以来，格力电器在国内中央空调市场的行业龙头地位稳固。根据《暖通空调资讯》发布的2019年上半年度中央空调行业调研报告，格力中

① 参见刘鑫：《本土品牌首次击败洋品牌 格力中央空调“称王”》，中国资本证券网，2012年8月16日。

央空调以 15.23% 的市场占有率继续领跑国内中央空调行业，延续了 2012 年以来蝉联国内中央空调市场占有率第一的态势。在 2019 博鳌房地产论坛上，格力荣登“2019 中国年度影响力房地产供应商 TOP 10”榜单，以打造健康舒适生活、实现绿色节能发展助推房地产行业创新、多样化发展，彰显了格力电器服务地产行业的品质与专业实力。

格力电器此举的象征意义大于实质意义，这就意味着格力电器的核心技术正在全面超越日欧美等空调企业的技术。反观中国空调市场的发展历程就不难看出，长久以来，日本、欧美空调企业垄断着中央空调的核心技术，不仅如此，这些空调企业为了更好地阻隔竞争者的进入，始终拒绝把核心技术转让给中国企业。

众所周知，中央空调是一个既完整又复杂的系统。在早期阶段，由于中央空调最核心的压缩机生产技术被日、美企业垄断，中国空调企业无一例外地选择与日、美企业合作，来开拓商用空调市场。

在涉足商用空调领域的早期阶段，中国空调企业分别选择掌握变频中央空调技术的日本企业，如大金、东芝等，以及掌控变容量技术的美国艾默生旗下的谷轮公司进行合作。

在近年节能政策的引导下，拥有节能技术优势的美国谷轮公司变容量技术得到中国空调企业的青睐。中国空调巨头企业如格力、美的、新科等，将合作重心转向了美国谷轮公司，大量购买其生产的商用空调压缩机。

在中央空调领域，虽然外资品牌企业固守技术优势，但是面对中央空调市场的巨大商业价值，中国空调企业如格力、海尔电器先后宣布涉足中央空调的研发和产品生产。

经过多年的追赶，中国企业在与欧美系和日韩系中央空调企业的正面竞争中积累了自己的核心技术，由此诞生了一批中国本土市场优质的中央空调品牌。

在中国中央空调市场上，主要分为国产、日韩和欧美。2015 年，欧美中央空调企业在中国市场的占有率为 22.20%。然而，随着中国空调企业的竞争，2018 年，欧美中央空调企业在中国市场的占有率明显下降，已经不足 20%（18.80%），4 年累计下滑 3.4%；日韩中央空调企业 2015—2018 年市场占比分别为 35.10%、34.90%、35.30%、35.50%，四年间上下浮动不超过 1%，显示出日韩品牌由多联机技术优势所带来的市场稳固地位；中国中央空调企业市场占比由 2015 年的 42.70% 上升至 2018 年的 45.70%，涨幅为 3%，市场占有率逐年提升，“国进外退”正在发生，见图 8-5。

当初外国品牌垄断中国中央空调市场的品牌格局已经不复存在。公开的数据显示，2018 年，中国本土市场中央空调销售规模达到 100 亿元以上的企业有 3 个，它们是格力电器、美的、大金；销售规模在 40 亿—100 亿元的品牌企业有 5 个，它们是日立、海尔、东芝、江森自控约克、麦克维尔。

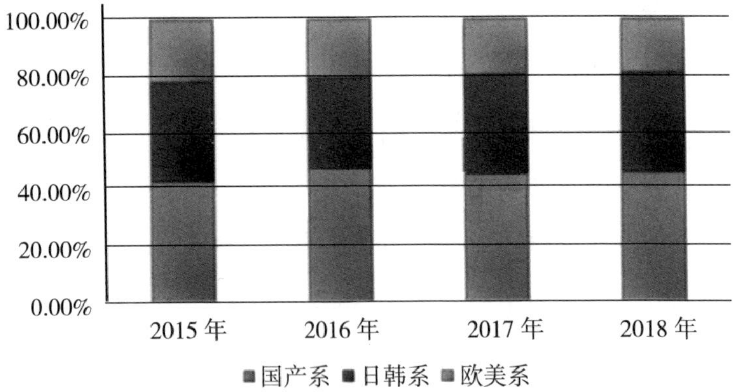

图 8–5　2015—2018 年国产、日韩、欧美品牌市占率对比

数据来源：智研咨询，2019 年 5 月 29 日。

在市场份额占比方面，格力电器为 15.50%，美的为 13.13%，大金为 12.52%，日立、海尔（含三菱重工海尔）紧随其后，占比分别是 8.29%、6.89%，总体上 TOP 5 占比超过 55%，见图 8–6。

在分品类方面，在市场规模占比最大的多联机领域，2018 年，大金为 23.00%，日立 + 海信为 18.20%（日立 14.70%，海信 3.50%），格力为 13.70%，美的为 12.30%，海尔为 3.50%，见图 8–7。

综合来看，多联机作为占比超过 50% 的中央空调品类，一段时期内将继续成为行业竞争的主要战场，大金、日立现阶段具有技术优势，未来随着技术差距的不断缩小，国产多联机的崛起势必将对其造成冲击。对此，董明珠说道：“我们开发一个关键的核心技术，到昨天才做鉴定。我现在告诉大家，这个技

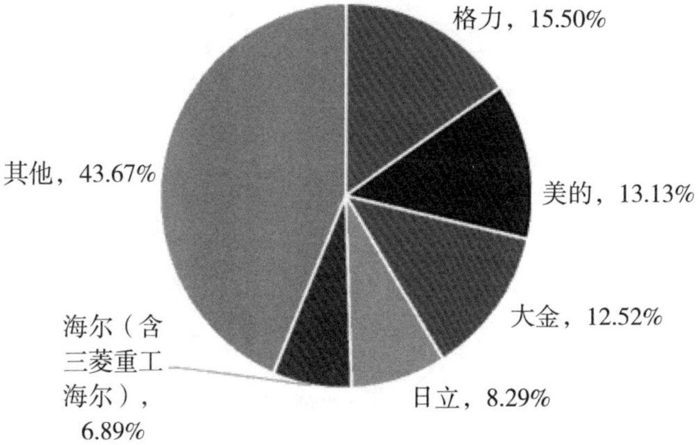

图 8-6　2018 年中央空调品牌市场份额情况

数据来源：智研咨询，2019 年 5 月 29 日。

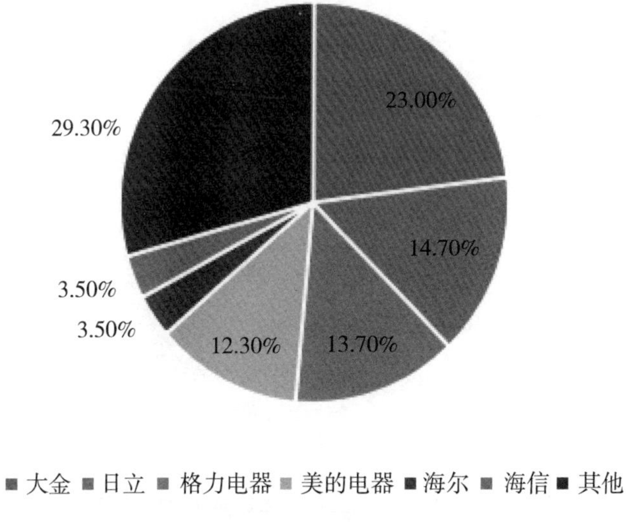

图 8-7　2018 年中央空调多联机品牌市场份额情况

术我们研究了多少年？研究了 11 年，投入了多少钱？上亿的资金。那些专家说，董明珠我们太佩服你了，你为什么看不到未来的时候你还愿意去投？我说中国强大必须要坚守，中国强大必须要有自己的核心技术，总有一天外国人到中国来上学，总有一天中国的技术走上世界，为世界去服务，这就是中国制造。”

在单元机方面，中国本土品牌拥有绝对的市场优势，格力为 35.80%，美的为 27.30%，海尔为 10.90%。从这组数据不难看出，单元机的市场集中相对较高，前三名的集中度高达 74%，见图 8–8。

2018 年，中央空调家装零售渠道方面，大金的市场占比为 21.80%，格力电器为 21.20%，美的为 17.60%，日立 + 海信

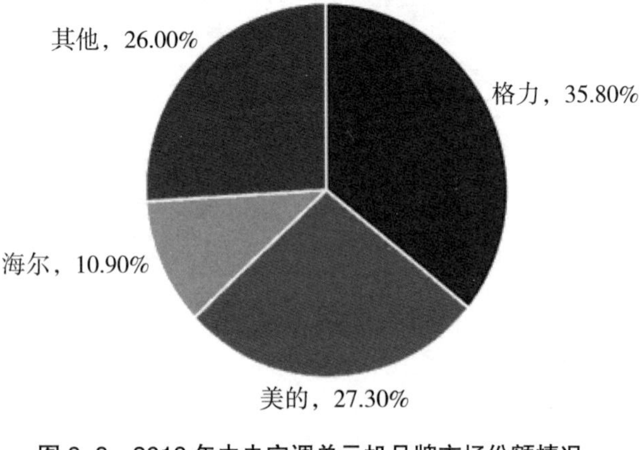

图 8–8　2018 年中央空调单元机品牌市场份额情况

数据来源：智研咨询，2019 年 5 月 29 日。

为 14.70%，海尔为 4.20%，见图 8–9。

鉴于此，在技术和渠道难题被一一攻克的情况下，格力等中国本土品牌的强势崛起无疑会打破外资企业在中国市场的垄断地位，由洋品牌掌控中央空调市场的局面被颠覆也就在情理之中了。

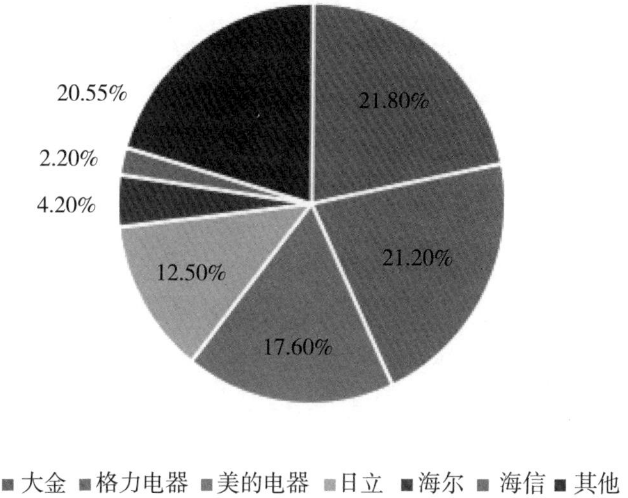

图 8–9　2018 年中央空调家装零售品牌市场占比

第九章

进入世界 500 强:“让世界爱上中国造”

听到这个消息，我当时就是淡淡一笑。因为我觉得和所有世界500强企业一样，格力电器进入世界500强，是企业发展的必然结果。100名也好，50名也好，第一名也好，企业能否实现可持续发展，企业是否有真正的生命力，这点才是最重要的。世纪初，中国企业还处于高速发展阶段，每个城市都希望自己有个世界500强企业，引进一个世界500强。当时刚好有一家世界500强的企业想要收购格力，我也是那个时候才知道世界500强概念。但通过我们努力争取，格力最终没有被收购。今天我不是世界500强，未必以后我不是，只要我们努力，终有一天会实现。我觉得中国要培养我们自己的500强品牌。如果被收购了，工人还是我们的工人，材料还是我们的材料，但是牌子却变成外国品牌了，那也不是你中国的世界500强。经过十四五年的努力，我们最终实现了这个目标。

——格力电器董事长　董明珠

一、“进入世界 500 强，我觉得没有什么了不起，这只是给你的过去一个鉴定，未来你还要继续努力”

2019 年 7 月 22 日，2019 年《财富》世界 500 强名单公布，格力电器凭借瞩目的营收成绩和创新能力强势上榜，位列榜单第 414 位，首次进入《财富》世界 500 强名单。

格力电器进入世界 500 强企业后，8 月 4 日，在央视财经《对话》栏目中，董明珠回应格力电器首次进入世界 500 强，说道：“我听说了进入 500 强，我只是淡淡一笑。对于格力来讲，我觉得进入世界 500 强是必然的一个发展。我觉得 100 名也好，50 名也好，第一名也好，你的企业能否真正实现可持续发展，你的企业是否真正有生命力，是很重要的。因为我记得在 2004 年、2005 年的时候，就是大家都梦想自己的城市有个世界 500 强企业，非常渴望引进一个世界 500 强，当时格力就（被别人看上了），被别人射猎一样的，它的目标就是把我们的格力收掉。确实我们费了很大的力气，我们坚守，我讲过一句话，我说今天我不是，未必代表明天我不是，只要我们努力，我觉得我们就应该有那么一天。到现在，差不多也就十四五个年头，我们实现了，进入世界 500 强，我觉得没有什么了不起，这只是给你的过去一个鉴定，未来你还要继续努力。”

“我觉得和所有世界500强企业一样，格力电器进入世界500强，是企业发展的必然结果”

格力电器上榜后，媒体以“今年格力电器凭借瞩目的营收成绩和创新能力强势上榜《财富》世界500强，更是在上榜中国企业中，净资产收益率位居第一，当时听到这个消息的时候，您的心情是怎样的？在格力发展的这几十年中，进入世界500强曾经是您的一个目标吗？”为提纲采访了董明珠，董明珠回应道：“听到这个消息，我当时就是淡淡一笑。因为我觉得和所有世界500强企业一样，格力电器进入世界500强，是企业发展的必然结果。”

从中国企业上榜数量的角度分析，来自中国的企业达到129家〔中国内地（大陆）、香港特别行政区、台湾省〕，首次超过美国上榜数量（121家），见图9–1。

凭借自己的营业收入和创新能力，格力电器位列榜单第414位，第一次进入《财富》世界500强榜单，其强劲的发展动能和品牌实力频频获得国际认可。格力电器2018年财报显示，格力电器在2018年实现营业总收入2000.24亿元（302.4亿美元），同比增长33.33%；实现归属上市公司股东净利润262.03亿元，同比上涨16.97%。

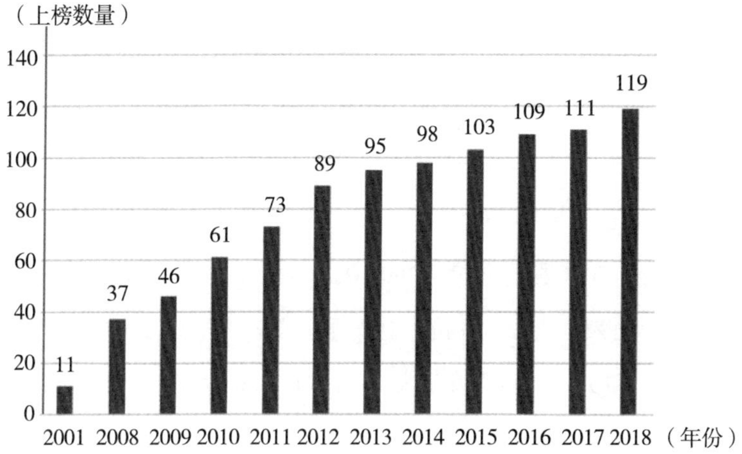

图 9-1　2001—2018 年《财富》世界 500 强的中国（包括香港）企业数量

在上榜世界 500 强榜单的 129 家中国企业的净资产收益率（ROE）榜上，中国公司中排位靠前的是格力电器、碧桂园、恒大、华为和安徽海螺集团。

净资产收益率是企业税后利润除以净资产得到的百分比率，是衡量一家企业运用自有资本效率的重要参考。格力电器 2018 年归属上市公司股东净利润 262.03 亿元，利润率继续保持中国家电行业最高。同时，在回馈股东的分红方案中，格力 2018 年全年累计分红 126 亿元，刷新公司历年分红最高纪录。[①]

① 参见喻剑：《格力电器首次上榜〈财富〉"世界 500 强"》，《经济日报》2019 年 7 月 22 日。

据了解，格力自上市以来，共募集资金51.5亿元，至今累计分红544.25亿元，被称为“最慷慨上市公司”。此外，格力电器在分红金额、分红率与盈利总额等核心指标上也有着突出表现，“白马龙头”成色不减。①

事实上，早在2015年，格力电器就大步挺进了《福布斯》“世界2000强”榜单前500名，且此后一直“榜上有名”，2019年居该榜单第260位。在《财富》公布的“2019年最受赞赏的中国公司”榜单中，格力电器位居全国第三，蝉联家电行业第一。②

在频频跻身全球各大榜单的同时，格力电器也延续了一如既往的好品质和好口碑。在中国标准化研究院顾客满意度测评中心等机构联合发布的“2019年10类家电产品顾客满意度调查”中，格力电器凭借卓越的产品和优质的服务，连续八年蝉联空调品类顾客满意度第一位。在人民日报社发起并编制的“中国品牌发展指数”排行中，格力电器以917.73的总指数位居行业首位，给我国企业高质量发展和品牌建设提供了良好示范。③

---

① 参见喻剑：《格力电器首次上榜〈财富〉“世界500强”》，《经济日报》2019年7月22日。

② 参见陈治家、陈婕：《“白马”依旧 格力电器2019年年报凸显品牌韧性》，《广州日报》2020年4月30日。

③ 参见陈治家、陈婕：《“白马”依旧 格力电器2019年年报凸显品牌韧性》，《广州日报》2020年4月30日。

"格力不能进世界 500 强不等于没有实力，进了 500 强也不一定说明有实力，格力在空调领域拥有的核心技术是世界上最多的"

2018 年 7 月 31 日，董明珠在格力总部院士工作站揭牌仪式上表示："格力不能进世界 500 强不等于没有实力，进了 500 强也不一定说明有实力，格力在空调领域拥有的核心技术是世界上最多的，在这个行业当之无愧是老大。"

同时，董明珠表示，希望格力能培养出 10 个自己的院士，随着院士站的成立，这些院士可以不用通过论文来证明自己，而是通过实干来创造财富创造改变。

如前所述，2012 年上半年，中国中央空调市场由于受到全球经济危机、房地产调控等因素的影响，中央空调的增长明显放缓。然而，格力中央空调却逆势发力，实现历史性反超，首次击败昔日格力中央空调"大佬"——日本大金，以超过 14% 的市场占有率，成为 2012 年上半年中央空调市场的"新科状元"。[①] 尽管取得较好的业绩，但是要成为世界第一，仍然需要一段时间，毕竟日美空调企业已经垄断市场多年。

在格力电器的企业历史中，2013 年是一个值得称赞的年份，作为格力电器董事长的董明珠再次不打折扣地兑

① 参见管林华：《上半年中央空调市场本土品牌首次击败洋品牌》，《当代生活报》2012 年 8 月 28 日。

现了她 2013 年初许下的承诺，2013 年格力净利润突破百亿元。

在空调行业下滑、用工荒、工资上涨、家电下乡政策退出等诸多不利因素下，这样的业绩再次证明了董明珠的果敢和强势，无疑为格力电器全面进入“董明珠时代”拿出了一份满意的答卷——格力电器 2014 年 1 月 20 日上午发布 2013 年业绩快报。该报告数据显示，格力电器 2013 年实现营业总收入 1200.30 亿元，同比增长 19.90%；归属于上市公司股东的净利润为 108.13 亿元，同比增长 46.53%，达到历史最高水平。

从格力电器公开的财务数据来看，在中国家电行业，格力电器是中国首家年净利润超过 100 亿元的企业。董明珠用数字证明了自己的承诺。

可能有读者会问，格力电器百亿利润成绩单背后的秘密到底是什么呢？董明珠给出的答案是，自主创新是最重要的，只有坚持科研创新，才能保证企业拥有话语权。

在这个弱肉强食的商业丛林中，只有坚持利用创新，才能保持行业领先地位。事实证明，在如今的空调较量中，董明珠的坚持是正确的，而董明珠的战略思维让格力电器在行业的寒冬中一枝独秀。

2018 年，格力电器凭借科技创新，在变频空调市场上全面发力。一般来说，在空调行业，变频空调销量占比越高，产品平均售价越高，利润率就越高。

在前瞻产业研究院发布的《2019 年中国空调行业市场分析》报告中提到，在中国空调市场，从品牌格局来看，前三大品牌——格力电器、美的、海尔的集中度继续提升。格力线下零售额占比 37.86%，美的占比 24.59%，海尔占比 11.05%，海信占比 5.73%，其他品牌占比 20.77%，见表 9–1。[①]

表 9–1　2018 年中国线下市场品牌零售额前 10 名及占比

排名	品牌	占比
1	格力电器	37.86%
2	美的	24.59%
3	海尔	11.05%
4	海信	5.73%
5	奥克斯	3.46%
6	惠而浦	3.09%
7	三菱电机	2.60%
8	志高	1.95%
9	科龙	1.57%
10	长虹	1.51%

与线下不同的是，线上的电商市场零售额有些变化，前三名是：奥克斯（占比 26.02%），美的（占比 23.37%），格力（占比 22.12%），见表 9–2。

① 参见前瞻产业研究院：《2019 年中国空调行业市场分析：电商渠道仍是增长引擎，二线品牌逐渐崛起》，2019 年 3 月 18 日。

表 9-2 2018 年中国线上市场品牌零售额前 10 名及占比

排名	品牌	占比
1	奥克斯	26.02%
2	美的	23.37%
3	格力	22.12%
4	海尔	7.16%
5	TCL	4.33%
6	科龙	3.18%
7	海信	2.86%
8	长虹	2.29%
9	志高	2.15%
10	扬子	1.56%

不管线下还是线上，头部品牌的关注度较为集中。来自中关村的数据显示，2018 年 1—6 月，凭借 51.17% 的占比，格力电器成为最受中国消费者关注的空调品牌，美的位列第二，占比 15.10%，第三名海尔占比 13.38%。[①]

正如董明珠所言，格力电器今天取得的成绩是多年创新积累的结果，在家电行业形势不好时，格力电器却能够增长，反映了市场对格力电器充分的认可。其原因是，格力电器长期以来靠技术和质量树立品牌，最终拥有了坚定的消费群，这是增长的最主要原因。不过，格力电器要想成为世界第一，就必须利用创新保持行业的领先地位。

① 参见前瞻产业研究院：《2019 年中国空调行业市场分析：电商渠道仍是增长引擎，二线品牌逐渐崛起》，2019 年 3 月 18 日。

二、“格力不仅是珠海的骄傲，更是中国的骄傲，它将会真正成为民族工业的第一品牌！”

在国际化的道路上，格力电器已经成为中国企业走出去的一张名牌。格力电器前董事长朱江洪曾坦言：“格力不仅是珠海的骄傲，更是中国的骄傲，它将会真正成为民族工业的第一品牌！”在朱江洪看来，格力电器承载的不仅仅是企业，更是中国民族工业。

事实证明，实体经济是强国之本、兴国之基。振兴实体经济，事关中国经济社会发展全局。2018 年 10 月 22 日，习近平总书记在格力电器公司考察时为科研人员自主创新点赞加油，激励大家“要有志气和骨气加快增强自主创新能力和实力”。

习近平说道，从大国到强国，实体经济发展至关重要，任何时候都不能脱实向虚。制造业是实体经济的一个关键，制造业的核心就是创新，就是掌握关键核心技术，必须靠自力更生奋斗，靠自主创新争取，希望所有企业都朝这个方向去奋斗。我们要有自主创新的骨气和志气，加快增强自主创新能力和实力。

“‘让世界爱上中国造’，就是要以自主创新的核心科技创造高质量产品，重塑中国品牌的形象，让世界认可中国制造”

在接受媒体采访时，董明珠说道：“当前，中国经济正迈向高质量发展阶段，中国制造业已经把目标从成为‘制造大国’变成了‘制造强国’，因此制造企业的目标也在变化。2015 年，格力提出‘让世界爱上中国造’，就是要以自主创新的核心科技创造高质量产品，重塑中国品牌的形象，让世界认可中国制造，用中国制造去服务世界，这是中国制造的发展目标，也是中国制造企业的梦想。”

在董明珠看来，在塑造品牌形象的过程中，格力电器坚持与时俱进的品牌思路，针对不同阶段的市场需求及社会现实，给品牌不断“注入”新的理念，使得品牌始终保持着新鲜的生命力。回顾过往，格力电器主要对品牌进行了五次品牌理念的更新升级，见图 9–2。

格力电器走向世界蓝海市场，要想成为空调行业的领导者，就必须利用创新，继续打破美日技术壁垒，从而保持行业领先地位。这就要求格力电器真正掌握核心技术，因为中央空调行业是一个高技术和高要求的行业。

长期以来，由于以约克、开利、特灵和麦克维尔等品牌

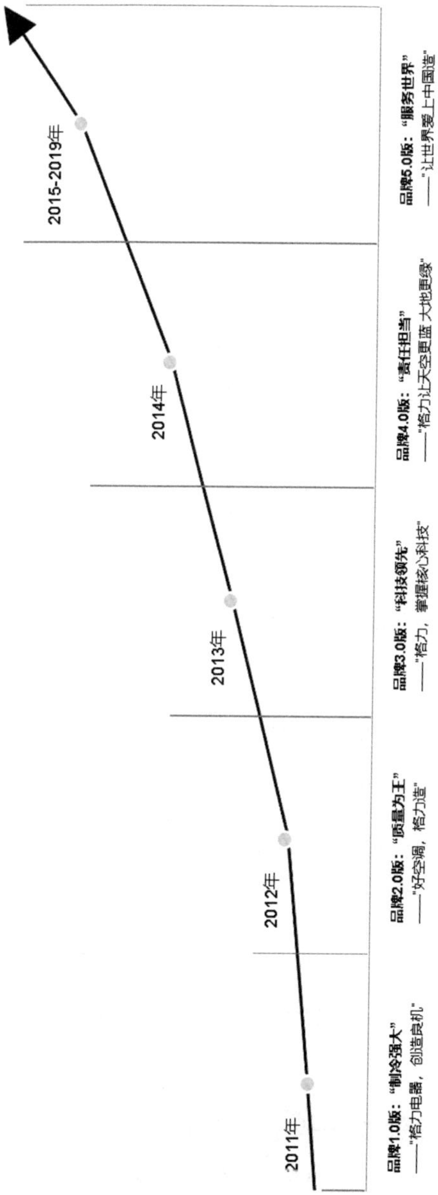

图 9-2　格力电器五次品牌理念的更新升级

为首的外资企业始终掌握着大型冷水机组的核心技术，而大金、日立等日系品牌则牢牢地把持着变频多联机组的关键技术，如果中国空调企业不能够充分掌握核心科技，无疑会处处受制于人，更不要说成为行业领导者。因此，作为中国领军企业的格力电器，要想挺起民族工业的脊梁，自主创新的战略决策就不能动摇。

近年来，随着制冷技术尤其是多联机及小型水冷机的发展，传统中央空调工作模式的产品得以逐渐进入居民领域，中央空调行业进入新一轮发展，增长势头良好。根据机电信息数据，2018 年，中央空调总体销量已经突破千亿元大关，同比增速达 9.3%。

与 2018 年同期相比，2019 年一季度，中央空调市场首次出现 5.1% 的负增长，这也是 10 年来中央空调行业首次面临的“倒春寒”。一方面是 2018 年遗留的房地产精修等项目较少，加上春节假日，导致项目量不及同期；另一方面，由于消费乏力，社会投资增长放缓，餐厅、茶馆、KTV 等娱乐休闲场所对中央空调需求低迷。

2019 年一季度，虽然中央空调市场低迷，但三大阵营的品牌格局依然持续保持稳固，品牌集中度越来越高。其中，国产品牌市场份额达 48.3%，以美的、格力、海尔、天加为首；日韩品牌市场份额为 31.4%，以大金、日立、东芝、三菱重工空调、富士通为首；欧美品牌市场份额为 20.3%，以麦克维尔、开利、江森自控约克、特灵、顿汉布什为首。

整体来看，根据品牌销售金额，中央空调行业可分为五大梯队。其中，美的、格力、大金处于第一梯队，销售金额在 20 亿元以上；日立处于第二梯队，销售金额为 15 亿—20 亿元；海尔、东芝、麦克维尔、江森自控约克、天加、开利处于第三梯队，销售金额在 5 亿—15 亿元；盾安、三菱重工海尔等处于第四梯队；西屋康达、雅士等处于第五梯队。见表 9-3。

表 9-3　2019 年第一季度中央空调行业品牌销售额分布

销售额	品牌
20 亿元以上	美的、格力、大金
15 亿—20 亿元	日立
5 亿—15 亿元	海尔、东芝、麦克维尔、江森自控约克、天加、开利
2 亿—5 亿元	盾安、三菱重工海尔、LG、三菱重工、松下、浙江国祥、富士通、志高、奥克斯、三星、EK、荏原、申菱、海信、顿汉布什、三菱电机、江深自控日立万宝、特灵
2 亿元以下	西屋康达、雅士、克莱门特、约克 VRE、TCL、博世、科龙、东元、堃霖、苏净布什、新科、必信、思科制冷、长虹、克莱沃、维克、爱斯特、吉荣、清华同方等

“你们的实践充分说明，在世界经济不景气的情况下，谁掌握自主知识产权和自主品牌，谁就能在国际市场中立于不败之地”

在格力电器的发展过程中，正是因为格力电器的自主创新，格力电器才取得了丰硕的成果；正是因为格力电器坚持的自主创新战略，今天的格力电器才拥有技术领先的优势；正是因为格力电器的自主创新，格力电器才有了飞跃式的发展。

“格力电器2017年年度报告”显示，格力电器是一家集研发、生产、服务于一体的多元化全球型工业集团。在获得“中国世界名牌”“最具市场竞争力品牌”“全国质量奖”“出口免验企业”“中国品牌创新奖”等荣誉后，格力电器2017年再次登上“福布斯世界最受尊重企业”排行榜，入选“2017 CCTV中国十佳上市公司”，入选“新时代品牌强国计划”，荣获“2017年度中国品牌奖”。在中国质量协会和全国用户委员会发布的2017年空调产品满意度测评结果中，格力空调以85分的成绩荣获空调品牌顾客满意度最高分，连续7年蝉联顾客满意度第一；在“顾客满意度”“忠诚度”“整体品牌形象”“行业感知质量”等细分维度上都稳居行业第一。格力电器获得如此多的品牌荣誉，体现了外界对企业综合实力的高度认同。在人民生活水平不断提高和消费升级的大背景下，具有影响力的品牌无疑是消费者的首选。[①]

该报告还提及，格力电器在全球拥有珠海、重庆、合肥、郑州、武汉、石家庄、芜湖、长沙、杭州、巴西、巴基斯坦11大生产基地，生产规模位居全球首位，同时拥有完善的配套能力和行业最完整的产业链，有效确保了空调关键零部件的

① 参见《珠海格力电器股份有限公司2017年年度报告》，2018年4月。

自主生产和供应。格力电器至今已开发出包括家用空调、商用空调在内的 20 大类、400 个系列、12700 多个品种规格的产品，完善而齐全的产品线能满足不同层次顾客的各种需求。具备全球最大生产规模和全方位生产线的同时，公司进一步打通压缩机、电机、电容、漆包线等产品在内的上下游产业供应链，极大地增强了公司对上下游供应链的控制能力，保证生产高效进行，及时满足用户需求。[①]

不仅如此，格力电器还赢得了中国高层领导人的赞许。据媒体报道，2009 年 3 月 7 日，时任中共中央总书记、国家主席胡锦涛亲切会见广东代表团女代表董明珠时，称赞了格力空调的良好性能："上次我到非洲访问，当地人说格力空调做得都很好，就是有一条不好，他们说下班的时候老忘了关空调！"胡锦涛总书记还不忘幽默地诠释："他们说的意思，是你们格力空调的噪音太小了，根本没想到是开着的！"

胡锦涛总书记还强调："你们的实践充分说明，在世界经济不景气的情况下，谁掌握自主知识产权和自主品牌，谁就能在国际市场中立于不败之地。"

胡锦涛总书记对格力电器的评价被媒体刊登在头版头条上，而时任格力电器董事长的朱江洪坦言："总书记对我们产品的评价，是对格力电器多年坚持专业化道路的首肯，格力电

① 参见《珠海格力电器股份有限公司 2017 年年度报告》，2018 年 4 月。

器将一如既往实施自主创新和精品战略，为全世界的消费者提供一流的空调产品。”

从胡锦涛总书记对格力电器创新战略的高度认可可以看出，格力电器的自主创新战略是成功的，同时也是有效的。在未来的发展中，同样离不开自主创新战略。因此，格力电器凭借技术创新、管理创新、渠道创新等企业创新，来提升格力电器的营收和利润，见表 9–4。

在时任格力电器副总裁、总工程师黄辉看来，要满足用户的多方面需求。这些要求不是客户提的，而是格力电器在设计过程中需要考虑的问题。例如，温差、噪声、外观、风吹到身上的感觉等问题。

在研发中，格力电器对产品创新的要求相当严苛。据格力电器董事长董明珠介绍，创新是全过程的变化。有一种创新是从无到有，属于原始性创新。还有一种是在固有的、大家认同的技术上进行再突破，同样是创新。例如离心机，美国四大家族的产品有几十年的历史，在这个基础上，格力电器现在生产的产品，同等条件下节能 40%，攻克中央空调领域的多项世界难题，技术处于国际领先水平。

在董明珠看来，这就是创新具体的表现。不可否认的是，要想在创新中赢得竞争，就必须加大产品创新的投入。

朱江洪介绍说，中国空调行业起步比较晚，技术水平不如发达国家的老牌企业。在全球空调制冷行业基本上由美国、

表 9–4　格力电器 2019 年半年度报告

单位：元

	营业收入	营业成本	毛利率（%）	营业收入比上年同期增减（%）	营业成本比上年同期增减（%）	毛利率比上年同期增减（%）
分行业						
制造业	83333006311.09	53844980055.23	35.39%	5.82%	2.99%	1.78%
分产品						
空调	79324698053.78	50748289698.99	36.02%	4.62%	1.98%	1.65%
生活电器	2560854203.38	1838804276.94	28.20%	63.60%	41.60%	11.16%
智能装备	415110447.25	350818806.51	15.49%	16.70%	11.66%	3.82%
其他	1032343606.68	907067272.79	12.14%	2.53%	–0.07%	2.29%
内销	69464362259.67	41382661648.98	40.43%	6.87%	4.68%	1.25%
外销	13868644051.42	12462318406.25	10.14%	0.87%	–2.27%	2.88%

日本企业垄断的形势下，要使中国生产的空调跟上甚至赶超发达国家的水平，就必须创新。作为专业化的空调企业，格力电器不仅要在销售量和销售额上领先对手，更要在技术研发上领先对手。只有拥有自主的核心技术，格力电器才能在竞争中取得主动权。

因此，格力电器每年从销售额中提取超过3%的技术研发费用，成为中国空调业技术投入费用最高的企业。正是格力的崛起，彻底结束了中央空调市场由日本、美国等发达国家品牌一统天下的历史。董明珠称，格力电器今后将继续加大自主创新技术研发的投入，致力于成为国际一流的品牌，并打造一个真正属于中国人自己的世界级知名品牌。

格力电器大事记

1985 年 12 月　珠海经济特区工业发展总公司（格力集团的前身）成立。随后，“总公司”相继成立了珠海经济特区冠雄塑胶有限公司和珠海海利空调器厂。

1991 年 8 月　“总公司”将“冠雄”和“海利”合并，成立了格力空调器厂。

1991 年 11 月 18 日　投资 2 亿元、占地 10 万平方米的格力电器一期工程在前山河畔开工奠基。

1994 年 12 月　格力销售人员“集体兵变”。董明珠临危受命，出任经营部部长，对内加强制度建设、财务管理，对外加强业务员监督、经销商管理，格力营销工作开始步入正轨。

1994 年 12 月　格力电器在国内外市场开始统一使用“GREE”商标。

1995 年 12 月　经过董明珠系列内外部整肃，格力空调产销量跃居全国首位。

1996 年 11 月　格力电器股票在深交所挂牌上市。

1997 年 12 月　格力电器首家区域性销售公司在湖北成

立，开创了 21 世纪经济领域的全新营销模式。

2001 年 6 月 投资 2000 万美元、年产空调达 50 万台的格力电器（巴西）有限公司投产，格力电器国际化迈出了关键性的一步。

2001 年 12 月 董明珠升任格力电器总裁，整顿干部队伍和工作作风，确立了“打造百年企业”的发展目标，格力电器开始进入高速发展的 10 年。

2003 年 12 月 投资达 7 亿元、总建筑面积达 20 万平方米的格力电器四期工程竣工投产，格力电器成为全球最大的专业化空调生产基地。

2004 年 9 月 格力电器收购集团旗下的凌达压缩机、新元电子、格力电工、小家电等子公司，进一步加强和完善了配套产业链，为冲刺世界冠军奠定了坚实的基础。

2005 年 1 月 格力电器率先推行全球最高标准的 6 年免费包修政策。

2005 年 12 月 格力家用空调产销量突破 1000 万台，跃居全球第一。

2006 年 9 月 格力电器被国家质检总局授予空调行业唯一的“世界名牌”。

2009 年 3 月 经科技部批准，“国家节能环保制冷设备工程技术研究中心”正式落户格力。这是中国制冷行业第一个，也是唯一的国家级工程技术研究中心。

2011 年 7 月 全球首条碳氢制冷剂 R290（俗称“丙烷”）分体式空调示范生产线在格力电器正式竣工，并被中德两国联合专家组一致鉴定为“国际领先”。

2011 年 12 月 全球首台高效直流变频离心机组在格力电器下线，被鉴定为“国际领先”。机组综合能效比 11.2，比普通离心式冷水机组节能 40% 以上，效率提升 65% 以上，是迄今为止最节能的大型中央空调。

2012 年 2 月 格力电器率先承诺，格力变频空调两年免费包换。

2012 年 2 月 国家科学技术奖励大会在北京举行，格力 1 赫兹变频技术荣获国家科技进步奖。格力电器成为该奖项设立以来唯一获奖的专业化空调企业。

2012 年 3 月 格力形象片亮相美国纽约时代广场。

2012 年 5 月 董明珠升任格力电器董事长兼总裁，带领格力电器成为中国首家突破千亿的家电上市企业。

2012 年 12 月 格力电器环保贡献获联合国认可，成为中国家电行业首个获蒙特利尔多边基金的企业。

2012 年 12 月 格力“双级增焓变频压缩机的研发及应用”被鉴定为“国际领先”，改写了空调行业百年历史，开创了双级变频新纪元。

2013 年 4 月 格力电器发布 2012 年年报。2012 年，格力电器实现营业总收入 1001.10 亿元，同比增长 19.87%；净利润 73.8 亿元，同比增长 40.92%，成为中国首家突破千亿的家电上市企业。

2013 年 12 月 格力光伏直驱变频离心机系统被鉴定为“全球首创、国际领先”，实现了中央空调能源自给自足、不用电费，开创了中央空调的零能耗时代。

2014 年 3 月 格力磁悬浮变频离心式制冷压缩机及冷水机组被鉴定为“国际领先”。该产品应用了磁悬浮轴承技术，使压缩机在无油状态下运行，克服了传统机械轴承式离心机能效受限、噪声大、启动电流大、维护费用高等一系列弊端，是一种更为节能、高效的中央空调产品。

2014 年 4 月 格力电器发布了 2013 年年度报告。报告里，格力电器实现营业总收入 1200.43 亿元，净利润 108.71 亿元，纳税超过 102.70 亿元，是中国首家净利润、纳税双双超过百亿的家电企业。

2014 年 9 月 格力电器承诺，格力家用中央空调 6 年免费包修。这是迄今为止中央空调行业承诺的最长保修期。

2014 年 12 月 格力电器官方电商渠道“格力商城”正式上线。

2015 年 1 月 格力电器“基于掌握核心科技的自主创新工程体系建设”项目荣获国家科学技术进步奖。

2015 年 2 月 格力电器“新型高效磁阻电机的研发及其在变频压缩机和空调中的应用”项目获“2014 年度广东省科

学技术奖”。

2015 年 5 月 格力电器大步挺进全球 500 强企业阵营，位居“福布斯全球 2000 强”第 385 名。

2015 年 5 月 格力电器获得中国质量认证中心（CQC）颁发的家电行业首张 CCC 现场检测实验室证书。

2015 年 6 月 格力拿下国内 R290 环保冷媒空调首批订单，落户深圳大学，以实际行动推进了空调行业的环保进程。

2015 年 6 月 格力永磁同步变频离心机组击败众多国际品牌，成功中标人民大会堂项目，登上制冷行业高峰。

2015 年 6 月 格力光伏直驱变频离心机中标伊朗德黑兰大学空调项目，拿下海外第一单。

2015 年 8 月 由格力电器自主研发的“百万千瓦级核电水冷离心式冷水机组（定频）”被专家组鉴定为“国际先进”，实现了我国自主品牌零的突破。

2015 年 9 月 格力光伏直驱变频离心机组获得英国 RAC 制冷行业大奖（RAC Cooling Industry Awards）——年度国际成就大奖，这是中国企业首次获此殊荣。

2015 年 10 月 格力电器获批建设“空调设备及系统运行节能国家重点实验室”。

2016 年 1 月 12 日 联合国开发计划署可持续发展委员会在北京正式成立。格力电器董事长董明珠等具有广泛影响力的中国企业领袖成为委员会创始成员。董明珠担任可持续发展委员会首届轮值主席。这是继董明珠担任联合国“城市可持续发展项目宣传大使”之后，获得的又一联合国殊荣。

2016 年 1 月 格力电器成为首批进入国家工信部发布的“电器电子产品生产者责任延伸试点名单”的企业之一。

格力电器“基于双级增焓变频压缩机的空气源热泵技术”作为中国的十大节能技术之一，被推荐到 IPEEC（中国国家发展改革委员会和澳大利亚工业部在国际能效合作伙伴关系），并成功获得 IPEEC 评选的“双十佳”（十大最佳节能技术和十大最佳节能实践）称号。

格力电器通过了国家工业和信息化部对于“2015 年国家级工业设计中心”的认定及复核，成为“国家级工业设计中心”。

2016 年 6 月 1 日 长沙格力生产基地大型中央空调项目开工活动暨首台家用空调下线活动在湖南宁乡举办。长沙格力一期工程总投资 20 亿元，新建生产线 12 条，力求成为“四位一体”的行业内智能化、自动化最高标杆工厂。当天，长沙格力开启二期项目——大型中央空调和智能装备项目，未来将以生产大型离心机组、螺杆机组、智能机器人、高端数控机床为主，预计投资超过 30 亿元，可实现产值 60 多亿元。

2016 年 7 月 23 日 由科学技术部指导，中国机械工业联合会、中国质量协会、科技日报社、新华社瞭望智库、新华社《财经国家周刊》、人民日报社《中国经济周刊》、珠海格力电器股份有限公司联合主办的“让世界爱上中国造·自主创新”第二届中国制造高峰论坛在北京人民大会堂举行。政界、学界、企业界近200位专家齐聚一堂，共同探讨中国制造的机遇与挑战，董明珠正式宣布格力进入“多元化时代”。论坛最后，现场嘉宾共同发布了《中国制造创新宣言》。

2017年4月 格力集团公布2016年营收报告，共计1115.09亿元，同比增长9.72%，净利润达到154.91亿元，同比增长22.39%，贡献税收132亿元。

2017年10月18日 格力电器产品荣获德国红点设计红点概念奖。

2017年11月 格力电器参与美国和加拿大空调国家的标准制定。

2017年12月14日 董明珠接待广东省证监局书记，并一同视察格力电器。

2018年3月 格力电器“光伏直驱变频空调系统研发及应用”项目获2017年度国际质量创新大赛国际质量创新大奖（Quality Innovation Award），成为国内家电行业唯一获得该奖项的企业。

2018年4月23日 珠海格力电工有限公司检测中心获得中国合格评定国家认可委员会（CNAS）国家认可实验室牌照，成为“国家级”检测中心。

2018年4月24日 2017年中国知识产权领域最具影响

力榜单发布，格力电器获评2017中国知识产权领域最具影响力创新主体，居榜单第五位。

2018年4月25日晚间 格力电器发布2017年年报。报告显示，2017年格力电器实现营业总收入1500.20亿元，同比增长36.24%；实现归属上市公司股东净利润224.02亿元，同比增长44.87%。

2018年6月7日 美国《福布斯》杂志发布2018年“全球上市公司2000强”排行榜。其中，格力电器排名第294位，较去年跃升70位。

2018年7月10日 格力电器以787项专利授权在国家知识产权局发布的2018年上半年我国发明专利授权量排名中位列第七，成为唯一进入前十的家电企业。

2018年10月22日 中共中央总书记、国家主席、中央军委主席习近平到格力电器公司视察。习近平强调企业要自主创新，要有骨气和志气，加快增强自主创新能力和实力。

2018年12月26日 格力集团通过ISO 9001质量管理体系认证。

2019年1月26日 珠海格力集团有限公司、珠海高科创业投资管理有限公司与珠海上富电技股份有限公司在格力集团总部共同签署战略投资框架协议。根据协议，珠海格力金融投资管理有限公司作为格力集团的全资子公司、金融投资平台，将联合高科创投共同出资不超1.81亿元投资上富股份，格力集团将成为上富股份单一最大股东。

2019 年 4 月 28 日 格力电器发布 2018 年年度报告。报告显示，2018 年公司实现营业总收入 2000.24 亿元，同比增长 33.33%；实现归属上市公司股东净利润 262.03 亿元，同比上涨 16.97%。

2020 年 5 月 格力电器凭借 931 的品牌强度和 1141.03 亿元的品牌价值，位列轻工业榜亚军，蝉联中国家电行业第一。

参考文献

图书：

［日］船桥晴雄：《日本长寿企业的经营秘籍》，彭丹译，清华大学出版社2011年版。

《自来水哲学：松下幸之助自传》，李菁菁译，南海出版社2008年版。

董明珠：《棋行天下》，花城出版社2000年版。

张建华、薛万贵：《富过三代》，机械工业出版社2008年版。

期刊：

Jack：《海尔的砝码》，《数字商业时代》2013年第1期。

柴芳：《揭开格力成为世界名牌的“基因密码”》，《家电市场》2006年第10期。

崔婧：《渠道模式是格力成功利器》，《中国经济和信息化》2012年第10期。

董明庆：《六西格玛：百万分之三点四的“缺陷”管理》，

《WTO 经济导刊》2004 年第 6 期。

董明珠：《从亨利·福特想到“吃亏精神”》，《名人传记：下半月》2008 年第 5 期。

董明珠：《用“工业精神”建立行业标准》，《21 世纪商业评论》2006 年第 9 期。

葛雪松：《恶斗近黄昏　中国企业竞争毒性解析：恶斗毒性诊断书》，《中欧商业评论》2013 年第 5 期。

郭芳、邹锡兰：《专访格力电器董事长董明珠：如果一代不如一代，企业就完蛋了》，《中国经济周刊》2013 年第 38 期。

贺大卓：《连续 13 年的空调龙头——格力的偏执化生存》，《英才》2009 年第 2 期。

侯晓红、干巧：《我国上市公司研发费用披露现状分析及对策》，《工业技术经济》2009 年第 2 期。

胡佳：《破解格力崛起的基因密码——写在格力空调荣获“中国世界名牌产品”称号之际》，《机电信息》2006 年第 22 期。

黄君发：《面对渠道扁平化和超级终端的压力，经销商如何抉择》，《中国建设信息供热制冷》2007 年第 4 期。

金占明、王江：《核心知识竞争力与企业多元化战略》，《科学学与科学技术管理》2005 年第 10 期。

金占明、王江：《围绕企业核心竞争力的多元化战略——兼评〈公司核心竞争力〉》，《财经界：管理学家》2008 年第 4 期。

李翠翠:《日本企业文化特点及对中国企业文化建设的启示——以日本松下电器公司为例》,《经济研究导刊》2008 年第 18 期。

李明、黄晗、陈涛:《浅议格力渠道模式变革》,《科技创业月刊》2004 年第 6 期。

李卫斌、李静:《对格力电器销售返利会计处理的分析与思考》,《财会月刊》2017 年第 20 期。

李元亮:《日本企业的营销理念及启示》,《时代经贸》2011 年第 32 期。

廖榛:《格力被迫卷入价格战　内忧外患朱江洪谋变》,《IT 时代周刊》2010 年第 15 期。

刘刚:《学习日本与日本式学习》,《企业管理》2013 年第 7 期。

刘锦理:《刍议珠海格力电器公司“走出去”战略》,《时代经贸:下旬》2008 年第 7 期。

吕理哲:《东京湾的黑船》,《印刷技术》2012 年第 9 期。

马红霞:《格力营销渠道模式解析》,《中国商界》2010 年第 7 期。

马淑萍、亓长东:《日本企业国际化的经验》,《中国经济报告》2006 年第 12 期。

潘青山:《董明珠,“难缠”的商界女强人》,《环球人物》2009 年第 10 期。

庞亚辉:《格力渠道蝶变》,《中国商业评论》2006年第1期。

屈云波:《中国企业市场营销反思录》,《南风窗》1999年第3期。

任芳:《成功收购斐雪派克　海尔进一步推进全球化战略》,《电器》2012年第12期。

施清清:《让世界爱上中国造获奖质量管理模式——“让世界爱上中国造”格力“完美质量”管理模式》,《品牌与标准化》2018年第6期。

宋玮、康怡:《海尔收购新西兰家电巨头背后:不得不做》,《财经》2012年第11期。

宋扬:《斐雪派克:新西兰的自然之灵——世界顶级厨房电器布局中国》,《优品》2012年第2期。

苏庆华:《海尔:海外扩张的新起点》,《当代经理人》2009年第7期。

孙旭东:《再谈格力电器的销售返利》,《证券市场周刊》2012年第44期。

王云:《董明珠:中国创造需要商业环境支撑》,《财经国家周刊》2010年第12期。

吴金勇:《董明珠:从营销铁娘子到技术狂人》,《商务周刊》2009年第6期。

吴媛媛:《家电生产企业销售渠道管理研究》,《企业经济》2008年第7期。

徐明天:《谁说制造业不赚钱?》,《企业管理》2012 年第 8 期。

雍忠玮:《格力电器董事长董明珠:专业化没有天花板》,《财经国家周刊》2012 年第 3 期。

于刚:《价格战的利弊反思》,《福布斯》(中文版)2012 年第 10 期。

袁亮、钱志洪:《空调市场的消费者购买行为研究——基于江苏空调市场的实证分析》,《市场周刊》2010 年第 10 期。

张含:《NO.9G 格力　净资产收益率排行 NO.16——格力电器　专注造就头牌》,《数字商业时代》2006 年第 8 期。

张锐:《日本电器的中国"病灶"》,《南风窗》2006 年第 10 期。

赵卫卫:《格力空调的营销渠道分析》,《现代企业教育》2007 年第 20 期。

朱卫卫:《格力打死美的员工背后的行业恶性竞争》,《IT 时代周刊》2010 年第 22 期。

邹锡兰、伍素文:《格力中标全球最大光伏空调项目,减排效益达 1500 万元》,《中国经济周刊》2018 年第 1 期。

邹锡兰:《全球首台双级变频空调问世,开创空调行业双级变频时代——格力"双核"空调来了》,《中国经济周刊》2013 年第 1 期。

报纸：

《空调业10年淘汰95%品牌——三大家电巨头占据七成国内份额》，《深圳晚报》2013年6月9日。

《青岛海尔拟收购斐雪派克　品牌集群打造业绩新增长点》，《每日经济新闻》2018年4月26日。

《徐冠华在创新型企业试点工作会议上的讲话》，《科技日报》2007年2月27日。

蔡颖辉、许卓：《王老吉与加多宝员工因促销起争执　南昌街头群殴》，《江西日报》2012年8月20日。

陈光：《如何让海外战略落地》，《国际商报》2011年4月22日。

陈静：《董明珠：格力正考虑去美国建厂》，《中国证券报》2011年3月9日。

陈文斌：《董明珠：通过线上直播　大家可以看到格力是一个家电多元化的企业》，《证券时报》2020年5月8日。

陈莺、何忠民：《广药实施多元化战略》，《民营经济报》2005年9月15日。

陈治家、陈婕：《"白马"依旧　格力电器2019年年报凸显品牌韧性》，《广州日报》2020年4月30日。

陈治家：《格力：不拿消费者做实验》，《广州日报》2012年10月1日。

晨路：《大打节能环保牌　格力电器今年出口增幅冲击

20%》,《第一财经日报》2013 年 10 月 24 日。

晨路:《格力 CSR:实干的工业精神融合诚信的企业文化》,《第一财经日报》2013 年 12 月 31 日。

崔丽、张莹:《董明珠:水至清亦有鱼》,《中国青年报》2013 年 11 月 20 日。

戴远程、周烨:《格力电器:走专业化道路不盲目扩张》,《南方日报》2009 年 3 月 9 日。

董明珠:《做品牌要有“工业精神”》,《人民日报》2007 年 1 月 29 日。

段志敏:《国产空调清一色洋品牌　营销优势难治国货心脏病》,《京华时报》2003 年 11 月 4 日。

范蓉:《家电制造商自建渠道,向左走还是向右走?》,《中国电子报》2007 年 6 月 28 日。

傅勇:《家电业再掀专业化多元化之争》,《经济参考报》2010 年 8 月 3 日。

管林华:《上半年中央空调市场本土品牌首次击败洋品牌》,《当代生活报》2012 年 8 月 28 日。

何清:《格力国际化模式给中国空调行业的启示》,《消费日报》2006 年 10 月 17 日。

侯雪莲:《董明珠:用“工业精神”制造中国品牌》,《中国经营报》2013 年 8 月 17 日。

侯雪莲:《董明珠:专业化靠核心技术》,《中国经营报》

2011 年 3 月 11 日。

胡立彪:《日本电器的“傲慢”与“偏见”》,《中国质量报》2006 年 7 月 28 日。

黄鑫:《格力电器加强产品多元化》,《经济日报》2011 年 7 月 7 日。

孔文清:《请善待你的经销商》,《信息产业报》2005 年 3 月 23 日。

李薇、潘建:《中国空调品牌十年淘汰 95% 变频将推动行业发展》,《北京商报》2009 年 9 月 18 日。

立栋:《价格联盟就此休矣?》,《中华工商时报》2003 年 7 月 2 日。

梁盛:《绿色格力:企业发展不能以牺牲环境为代价》,《经济观察报》2013 年 1 月 19 日。

刘映花:《格力 2013 年营收 1200 亿元 净利润 108 亿元》,《北京晨报》2014 年 1 月 21 日。

刘永:《格力三年六西格玛进退》,《第一财经日报》2004 年 12 月 27 日。

罗清启:《权威调查公司:日系空调品牌在华遭遇寒流》,《经济参考报》2006 年 1 月 26 日。

骆沙:《董明珠:“核心技术”是民族企业生命线》,《中国青年报》2010 年 11 月 19 日。

马晓芳、孙燕飚:《美的格力陷入暴力竞争乱象 家电行业现野蛮生长》,《第一财经日报》2010 年 10 月 25 日。

潘宇静、董明珠:《格力电器已完全是多元化企业》,《中国证券报》2018 年 12 月 4 日。

庞亚辉:《格力:在坚持与博弈中探索》,《财富时报》2006 年 3 月 25 日。

钱玮珏:《格力开创中央空调“直流变频时代”》,《南方日报》2013 年 3 月 18 日。

邱作霖、谭艳雅:《格力中央空调蝉联 2013 年度销售冠军》,《信息时报》2014 年 3 月 6 日。

屈丽丽:《格力突围天花板》,《中国经营报》2014 年 3 月 17 日。

任忠君:《企业恶性竞争来袭　少吐“口水”多用法》,《重庆商报》2012 年 12 月 3 日。

申明:《格力电器:挺起中国制造的创新脊梁》,《科技日报》2013 年 3 月 8 日。

沈娟:《专利是市场之战》,《第一财经日报》2007 年 1 月 19 日。

沈梦怡:《格力电器:“走出去”做“世界的格力”》,《南方日报》2017 年 6 月 6 日。

施新亚:《洗牌,能否终结空调“流血时代”》,《扬子晚报》2005 年 8 月 6 日。

石磊、闫薇:《国美格力利益面前修旧好》,《经济观察报》

2007年3月25日。

孙华:《格力以“工业精神”对抗当今经济阴霾》,《济南时报》2012年8月9日。

陶涛:《企业自主研发经费仅占销售收入3.8%》,《中国青年报》2009年7月13日。

汪洋:《格力打造中国空调企业盈利模式》,《科技日报》2011年12月13日。

王春波:《格力变频空调 继续领跑市场》,《法制晚报》2013年5月24日。

王慧:《格力的隐忧》,《华夏时报》2008年8月15日。

王彤:《坚决不拿消费者当实验品》,《中国电子报》2009年11月13日。

王晓安:《多元化战略——专业化成功后必须正视的诱惑》,《中国工业报》2005年1月19日。

魏冠军:《格力电器规模效益稳步增长 势头喜人》,《经济日报》2003年6月11日。

肖翊:《董明珠:2014年海外市场将给格力挣更多的钱》,《中国经济周刊》2014年2月25日。

谢怡晴:《绝缘外来资本:老干妈的另类成功学》,《时代周报》2014年4月10日。

熊建:《格力电器稳步迈向百年老店》,《人民日报》2014年3月2日。

熊园、覃昱：《三年后，在鄂销售空调实现湖北造》，《长江商报》2011年11月18日。

熊园、覃昱：《与格力共庆20周年　老用户有望赢大礼》，《长江商报》2011年9月16日。

徐胡乡、覃昱：《格力中央空调　蝉联市场占有率第一》，《武汉晨报》2014年2月21日。

薛勤嘉：《为格力品质保驾护航》，《西安晚报》2007年12月25日。

薛有志、周杰：《中国上市公司多元化战略的反思》，《华夏时报》2007年10月6日。

闫荣伟：《格力削藩一级经销商　渠道扁平化革了总代的命》，《中国经营报》2003年11月24日。

杨霞珠：《格力空调噪音太小了》，《长沙晚报》2009年3月13日。

俞叶峰：《格力电器成中国首家净利超百亿家电企业》，《证券时报》2014年1月21日。

喻剑：《格力电器首次上榜〈财富〉"世界500强"》，《经济日报》2019年7月22日。

张邦松：《中国企业国际化：行百里而半九十》，《经济观察报》2011年12月3日。

张斐斐：《格力：深耕巴西的样本》，《经济观察报》2011年4月2日。

张鑫:《2006这一年冻死空调品牌17个》,《华夏时报》2006年9月15日。

张鹰:《国美PK苏宁，谁的路走对了？》,《经济观察报》2014年4月30日。

赵京安:《格力董明珠：专业化夯实核心竞争力》,《人民日报》2006年12月4日。

赵萍:《20亿元格力研发投入不设限》,《华西都市报》2010年3月19日。

郑炳巽、童海华:《董明珠：格力电器在研发方面“按需投入、不设上限”》,《中国经营报》2019年10月26日。

钟良、张勇:《对话格力电器总裁董明珠：做实业就要耐得住寂寞》,《21世纪经济报道》2011年12月3日。

钟毓:《自主创新助格力“领跑”世界》,《新闻晚报》2010年11月26日。

朱江华:《中国空调业终极洗牌在即　寡头时代到来》,《郑州晚报》2013年8月23日。

祝剑禾:《格力缺席空调价格战》,《京华时报》2012年5月17日。

年度报告:

《珠海格力电器股份有限公司2017年年度报告》，2018年4月。

《珠海格力电器股份有限公司 2018 年年度报告》，2019 年 4 月 29 日。

《珠海格力电器股份有限公司 2019 年年度报告》，2020 年 4 月 30 日。

后　记

在中美贸易摩擦的今天，美国封杀中兴，围堵华为，让中国企业家忽然梦醒，核心技术是花钱购买不到的，即使在某段时间买到，对方也随时可以“断供”，犹如一把悬在头顶的“达摩克利斯剑”。

这样的感受对于以朱江洪为核心的格力电器管理层如鲠在喉，即使过去多年，依旧耿耿于怀。遥想当年，以朱江洪为核心的格力电器管理层远赴东瀛考察，目的就是购买日本的空调技术。正在介绍并意图购买空调技术的朱江洪，被日本企业方当面打断：“即使出多少钱也不卖。”这样的屈辱刺痛了急于突破技术瓶颈的朱江洪。从此，格力电器奋发图强，重金研发，凭借技术为王，在哀鸿遍野、举步为难的空调行业一枝独秀。

回顾历史，成立于 1991 年的珠海格力电器股份有限公司，在公司成立初期，主要依靠组装生产家用空调，现已发展成为多元化、科技型的全球工业集团，产业覆盖家用消费品和工业装备两大领域。

在《珠海格力电器股份有限公司 2019 年年度报告》中，是这样介绍格力电器的：格力电器是一家多元化、科技型的全球工业集团，旗下拥有格力、TOSOT、晶弘三大品牌，产业覆盖空调、生活电器、高端装备、通信设备四大领域，包括以家用空调、商用空调、冷冻冷藏设备、核电空调、轨道交通空调、光伏空调等为主的空调领域；以智能装备、数控机床、工业机器人、精密模具、精密铸造设备等为主的高端装备领域；以厨房电器、健康家电、环境家电、洗衣机、冰箱等为主的生活电器；以物联网设备、手机、芯片、大数据等为主的通信设备领域。格力电器产品远销 160 多个国家及地区，为全球超过 4 亿用户提供满意的产品和服务，致力创造美好生活。

格力电器能够取得今日之业绩，源于格力电器前董事长朱江洪和现任董事长董明珠所倡导和坚持的专业化和“吃亏”的工业实干精神。

在机会遍地时，格力电器拒绝诱惑，集中资源研发空调行业的核心技术，打破日美企业的技术垄断。

在机会遍地时，敢于走出国门，以“先有市场，再有工厂”的国际化路径探索出一条“走出去”的康庄大道。

在机会遍地时，格力电器勇于开创销售新模式，以股份制销售公司渠道赢得经销商的认可，被经济界、理论界誉为“21 世纪经济领域的全新革命”。

在应对原材料涨价时，格力电器凭借自身的技术攻关和研发创新来降低生产成本，而不是偷工减料，从而赢得更大的利润空间。

……

这一步一步的跨越浓缩了格力电器走出国门、开拓市场、肩负民族工业脊梁的历史使命。格力电器这个空调业的翘楚，创造了一个几乎不可能的企业神话，给中国4500家企业参考和借鉴，引领着更多的本土企业做强、做大、走向海外。

这里，感谢“财富商学院书系”的优秀人员，他们参与了本书的前期策划、市场论证、资料收集、书稿校对、文字修改、图表制作。

以下人员对本书的完成亦有贡献，在此一并感谢：简再飞、周芝琴、周梅梅、吴雨凤、吴江龙、吴抄男、赵丽蓉、周斌、周凤琴、周玲玲、金易、何庆、李嘉燕、陈德生、丁芸芸、徐思、李艾丽、李言、黄坤山、李文强、陈放、赵晓棠、熊娜、苟斌、佘玮、欧阳春梅、文淑霞、占小红、史霞、陈德生、杨丹萍、沈娟、刘炳全、吴雨来、王建、庞志东、姚信誉、周晶晶、蔡跃、姜玲玲等。

任何一本书的写作，都是建立在许多人的研究成果基础之上的。在写作过程中，笔者参阅了相关资料，包括电视、图书、网络、报纸、杂志、论文库、格力电器的官方网站等资料。所参考的文献，凡属专门引述的，我们尽可能地注明了出处，其他情况则在书后附注的参考文献中列出，并在此向有关文献的作者表示衷心的谢意！如有疏漏之处，还望原谅。

本书在出版过程中得到了许多商学院教授、标杆企业研究专家、企业总裁、职业经理人、媒体朋友、培训师、业内人士以及出版社编辑的大力支持和热心帮助，在此表示衷心的谢意。由于时间仓促，书中纰漏难免，欢迎读者批评指正。

周锡冰

2021 年 10 月 20 日于北京财富书坊